Emociones, actitudes y sentimientos.

Emeterio Guevara Ramos

DEDICATORIA

A todos aquellos seres humanos que necesitan en la vida de una persona
que les ayude a encontrar la luz en su camino.

CONTENTS

ACKNOWLEDGMENTS

To all my professors who dedicated me part of their time and effort to enlight me about psychology.

MARCO Y O BJETIVOS

Las dos pregunta que los autores usualmente enfrentamos con ambivalencia son ¿Cómo escribir un libro y cuál será el acercamiento al objeto de estudio? Para mí, en este caso, es razonablemente simple: desarrollamos un texto que incluye mis propias experiencias y que puede ser leído como una libreta de apuntes donde pueda escribir anotaciones en la página que se desee. Para ello se dejan espacios en blanco en las páginas importantes para resumir. Si lo logro o no dependerá de lo que diga el lector.

La ambivalencia también se eleva desde el contenido, las áreas de las emociones y sentimientos son enormes, cualquier autor sólo puede producir generalidades y se debe aceptar la resignación que los lectores sufrirán por lo que pueden llamar omisión, de acuerdo a sus expectativas y preferencias.

La selección y organización del contenido no es un proceso racional de escudriñar el futuro. Se debe a razones personales del autor que cree que ese contenido que muestra es lo más significativo para el lector.

En general se aplica la palabra emoción para describir todo estado, movimiento o condición por el cual el hombre advierte el valor o importancia que una situación determinada tiene para su vida, sus necesidades o sus intereses.

Las emociones pueden ser consideradas como la reacción inmediata del ser vivo a una situación que le es favorable o desfavorable; es inmediata en el sentido de que está condensada y, por así decirlo, resumida en la tonalidad sentimental, placentera o dolorosa, la cual basta para poner en alarma al ser vivo y disponerlo para afrontar la situación con los medios a su alcance.

Los sentimientos, en cambio, son la expresión mental de las emociones; es decir, se habla de sentimientos cuando la emoción es codificada en el cerebro y la persona es capaz de identificar la emoción específica que experimenta: alegría, pena, rabia, soledad, tristeza, vergüenza, etc. La mayoría de las definiciones de emoción distingue cuatro elementos:

-La situación estímulo que provoca una reacción;

-Se produce una experiencia consciente con un tono positivo y negativo, de la emoción que sentimos;

-Se genera un estado de activación fisiológica en el organismo a partir del sistema neuroendocrino, lo que significa que las emociones tienen un sustrato físico, y;

-Se produce una conducta que acompaña por lo general a las emociones: alegría, miedo, etc.

Los sentimientos, entonces, pueden definirse básicamente como la expresión mental de las emociones, lo que incluye la idea de darse cuenta de las emociones que se experimentan.

El presente libro está basado en la denominada psicología humanista que se basa en emociones, actitudes, sentimientos y autorrealización y se gesta como "escuela" o movimiento relativamente organizado durante las décadas 50 y 60 del siglo XX. Esta corriente pretendía ir más allá de los enfoques del conductismo y del psicoanálisis, considerados respectivamente primera y segunda fuerza, el humanismo intenta, y lo logra, configurarse como "tercera fuerza" psicológica. Sin cuestionar los hallazgos ni del psicoanálisis ni del conductismo, lo que la psicología humanista propone es el énfasis en la totalidad de la naturaleza humana, con sus potencialidades de crecimiento, espontaneidad y creatividad.

La psicología humanista, en consonancia con el espíritu ecléctico de los 50 no cuestionaba los hallazgos del conductismo ni del psicoanálisis y aceptaba que en cierto nivel el ser humano es un animal más guiado por condicionantes deterministas y que corrientes inconscientes gobiernan en parte su psiquismo. Como escribía Maslow: "soy freudiano, soy conductista y soy humanista". Pero la psicología humanista pretenderá superar los límites del psicoanálisis y el conductismo para ir un poco "más allá" y, aunque diferentes autores humanistas enfatizarán diferentes cuestiones, en cualquier caso, será fundamental en su enfoque el interés por el desarrollo pleno del potencial inherente a cada persona.

No podemos dejar de decir que existen condicionantes sociales y culturales que subyacen a la nueva visión de la psicología humanista y se han incorporado loa avances derivados de la práctica de la neurociencia. La conciencia de amenaza atómica, las guerras intestinas, el hambre y la "nueva" guerra fría, el conflicto potencial que surge con la llegada de Donald Trump a la presidencia de Estados Unidos, la insatisfacción social y los movimientos contraculturales que se estaban gestando, el hartazgo del gris y anodino ideal de "hombre adaptado a la sociedad", las protestas de los jóvenes en España, Grecia, Irlanda, Irán, Iraq, Ecuador, Argentina, Bolivia y muchos otros países, fueron el caldo de cultivo de movimientos de crítica o reflexión social, uno de los cuales contribuye a entender el mundo convulsivo es la psicología humanista.

Que las emociones cognoscitivas superiores sean más corticales que las emociones básicas significa que están más expuestas a la influencia de los pensamientos conscientes, lo que probablemente hace posible, a su vez, que las emociones cognoscitivas superiores sean más susceptibles de variación cultural que las emociones básicas o elementales. No obstante, a pesar de su mayor variabilidad cultural, las emociones cognoscitivas superiores siguen siendo universales. Al igual que las emociones básicas, las emociones cognoscitivas superiores también forman parte de la naturaleza humana, modelada por la historia evolutiva.

Las emociones cognoscitivas superiores son la culpabilidad, la vergüenza, el desconcierto, el orgullo, la envidia y los celos. Todas ellas son esencialmente sociales de un modo en que no lo son las emociones elementales.

Uno puede sentir miedo o asco ante objetos inanimados y ante animales, pero la existencia del amor y del sentimiento de culpa requiere de otras personas. Podemos sentirnos culpables por herir a un animal y no faltan quienes se declaran enamorados de sus mascotas, pero es improbable que el surgimiento de la culpabilidad y del amor responda a esos propósitos.

Todo apunta a que las emociones cognoscitivas superiores habrían sido diseñadas por la selección natural para ayudar a nuestros antepasados a enfrentarse a un entorno social cada vez más complejo.

Por otra parte también está la influencia filosófica de la fenomenología y del existencialismo. Sin extenderme mucho solo comentaremos que estas corrientes filosóficas ponen en el punto de mira al ser humano y su experiencia vital y subjetiva: el hombre como entidad consciente, con intencionalidad y capacidad de elección.

Cada ser humano es, en sí mismo, único e irrepetible que puede dar el fruto que es en potencia o permanecer aguardando el convertirse en aquello que podría; es una promesa de vida plena, una esperanza de amor humano y productivo que anhela ser guiado por la razón bien orientada para brotar en forma siempre nueva y diferente. Cada individuo es un cofre que guarda tesoros secretos e inigualables riquezas; pues como cada fruto lleva dentro la semilla que dio origen a su existencia, así, cada persona es portadora de la grandeza infinita de Vida y Conciencia que lo vivifica y que constituye su verdadero Ser, su esencia trascendental supraconsciente, su más íntima naturaleza.

Según los investigadores humanistas, el hombre no sólo puede serlo, sino que posee una tendencia natural a desarrollar sus potencialidades y a encontrar el significado verdaderamente valioso de la vida; tiene un impulso vital tan imperioso, que puede considerarse su más profunda necesidad: la voluntad de autorrealización (o auto realización como también es aceptado).

Sin embargo y a pesar de todo esto, ¿qué le ha pasado al ser humano que somos todos en potencia que en la realidad cotidiana dista de ser, ese ser humano? ¿Por qué si en verdad tiende en forma natural hacia la autorrealización como todo lo que existe en el Universo, se encuentra imposibilitado de ser lo que podría ser.

Desde el punto de vista de nuestro desarrollo personal, al principio el mundo se ve como un problema en el que uno debe aprender a manejarse, más adelante se considera un lugar para vivir y en la etapa de la autorrealización, un lugar para crear un mundo mejor. La autorrealización es el fruto del crecimiento personal, del desarrollo de "todas" las capacidades de la persona: es la plenitud como ser humano. En esta etapa del desarrollo humano, los valores se perciben como un proyecto en el que uno debe participar a través de las propias capacidades personales.

Este libro está escrito y dirigido para dos públicos muy diferentes: por un lado para los iniciados en la psicología y el cambio conductual y, por el otro, para quienes no están tan familiarizados en este campo. Para las personas pertenecientes a este último grupo se les recomienda releer el capítulo uno antes de pasar al segundo.

CAPITULO UNO. LOS ELEMENTOS GENERALES DEL SISTEMA.

Existe el conocimiento generalizado en nuestra cultura que las personas hacen muchas cosas porque en ellas encuentran placer y evitan hacer otras porque las encuentran dolorosas. Esta posición teórica puede ser llamada " guiado por el hedonismo". El área de emociones involucra que se delineen las experiencias de esos estados de hedonismo. Por ello, las bases de las emociones y sentimientos deben responder a la pregunta "por qué" y buscar una explicación.

No existe tal cosa como la casualidad o el accidente; estas palabras tan sólo demuestran nuestra ignorancia de algunas causas reales e inmediatas.

En el actual caos de información, aislamiento social, vinculación a medios digitales y la superficialidad de las lecturas, los peligros del vacío existencial en que vivimos son signos exteriores de otra fuerza interna mucho más terrible, explosiva, destructora y atomizadora. La vida psíquica de pensamientos, impulsos, instintos, emociones y sentimientos descontrolados que se dan en el hombre moderno, su proceder y deseos inconfesados, donde sus prisas, preocupaciones y quebrantos nerviosos son más amenazadores que la bomba atómica.

Los adelantos en los conocimientos llevan a que cada mes se modifiquen las fronteras de la ciencia, de la industria y de la política. Cada día nos vemos expuestos a impresiones explosivas de periódicos, radio, cine y televisión Se pudo viajar a mil kilómetros por hora en los aviones supersónicos, acercándonos el mundo, haciendo realidad la tan esperada "aldea global". Los requerimientos del trabajo, los negocios y la vida social se van complicando hasta llegar a situaciones explosivas. El vivir en el marco de 24 horas se hace cada día más y más difícil por los mil detalles, problemas y situaciones a los que hay que atender. Tan fuerte y tan terrible es la presión que esto ejerce en nuestra mente, que, para muchos, la vida se asemeja a una lucha en una jungla donde prevalece la ley del más fuerte.

En nuestra vida, nuestro trabajo y en *nuestro pensar* ya no hay aquella calma socrática en que las ideas se suceden ordenadas y gradualmente, ni aquel recibir con nitidez, paz y alegría las impresiones y sensaciones con que el mundo de los colores, de las formas y de los sonidos que iba a enriquecernos, alegrarnos y tranquilizarnos. Apenas nos damos cuenta de lo que vemos u oímos porque tenemos la mente ocupada con ambiciosos proyectos, con tristezas y preocupaciones. Ávidos de información y en una dinámica autodestructiva de vida, hemos cambiado la ecuanimidad clásica por un tumulto de imágenes o ideas que se agolpan en nosotros sin poderse grabar ni asentar en la mente, sin paz para concentrar la atención en un sólo evento. De ahí nace la confusión, nerviosismo, cansancio cerebral, inquietud, insomnio, estrés, etc. En este mundo complejo y caótico, nuestra supervivencia depende de cierta estabilidad que mantenemos dentro de nuestro cuerpo, el termino homeostasis se utiliza para describir el proceso regulatorio que contribuye al mantenimiento de la estabilidad.

La homeostasis es el proceso resultante de afrontar las interacciones con el medio ambiente cambiante cuya tendencia es hacia el desorden o la entropía. La homeostasis nos proporciona la independencia del entorno mediante la captura y conservación de la energía procedente del exterior. La interacción con el exterior se realiza por sistemas que captan los estímulos externos para captar sustancias o nutrientes necesarios para el metabolismo como puede ser el aparato respiratorio o digestivo.

I.   MENTE RECEPTORA Y EMISORA

El hombre debe gobernar ante todo el reino de su mente; debe poder abrir sus puertas cuando quiera a las realidades maravillosas de fuera y a los pensamientos alegres y elevadores, y cerrarlas a los tristes y deprimentes. EGR

La humanidad ha vivido en un abrir y cerrar de ojos lo que se denomina la sociedad de la modernidad. Cuando nuestros cuerpos responden a una emergencia derivada de las condiciones de la modernidad, estamos viendo patrones de respuestas adaptativas para la sobrevivencia. Todos estos procesos ocurren en nuestra mente.

Nuestra mente realiza dos funciones fundamentales, es *receptora* del mundo exterior mediante sensaciones conscientes; atención externa suave a colores, formas, objetos, movimientos, sonidos, etc.

Esta atención no cansa. Produce alegría, enriquecimiento, paz y descanso. Es un retorno a la realidad material o corpórea; también funciona como *emisora* de imágenes, representación de sensaciones previas o de nuevas ideas enriquecidas con otras experiencias, o de raciocinios elaborados consciente o inconscientemente. Es retornar a las realidades intelectuales internas.

Basamos la reeducación de la mente en la distinción entre receptividad y emisividad de nuestro mundo psíquico, y en el axioma de que simultáneamente no podemos ser plenamente receptores y emisores; estar fotografiando un objeto y proyectándolo al mismo tiempo. Si no nos damos cuenta exacta de lo que vemos u oímos, no podemos al mismo tiempo pensar en si lo hacemos bien, o si nos entristece o atemoriza. Y, al contrario, si pensamos en el peligro dejamos de darnos cuenta *nítida* de los colores y sonidos. Por ello debemos descansar de la fatiga cerebral y las tensiones que vienen de la mente emisora descontrolada, haciéndonos *meramente receptores* de sensaciones y actos conscientes. Finalmente es necesario frenar las ideas que nos irritan, entristecen o atemorizan, dándonos *cuenta nítida* de lo que vemos, oímos, palpamos, y hacemos.

La emisividad abarca las imágenes (elementos recibidos por las sensaciones y reproducidos o elaborados por la mente), las ideas abstractas, las asociaciones de ideas, los raciocinios, que emitimos voluntariamente, o que nos son impuestos por el inconsciente. Es una atención más activa, es producir, es trabajar. De ahí la posibilidad de cansancio que varía conforme a la especie de atención.

Atención perfecta o concentración. Cuando seguimos el curso de una idea con exclusión de toda otra, cuando estamos atentos solamente a lo que leemos, estudiamos u oímos, olvidándonos de todo lo demás y de nosotros mismos, el rendimiento intelectual es máximo, el placer natural grande y el cansancio mínimo. Dos horas de esta concentración perfecta se reparan en 5 o 10 minutos de descanso por medio de la receptividad tranquila. Un día de trabajo se repara con una noche de sueño. De este modo se puede trabajar intensamente durante muchos años. *El estudio intenso y ordenado, lejos de debilitar es gimnasia que fortalece al cerebro.*

Atención deficiente. - Cuando seguimos una idea con interposición de otra, con distracciones, el rendimiento y satisfacción son menores y el cansancio mayor.

Atención perjudicial. – Cuando seguimos varias ideas, por ejemplo, una lectura, una explicación o discurso, y al mismo tiempo no acertamos a desentendemos de otra *idea paralela,* por ejemplo: preocupación, temor, sensación de cansancio, disgusto, etc., la fatiga es *desproporcionada, anormal.* Podemos llamarla fatiga *psíquica.* Las ideas se graban menos profundamente y se olvidan con más rapidez. Es el trabajo de dos teclas de la máquina de escribir, pulsadas simultáneamente: la máquina se resiente y la escritura queda confusa. Así también nuestro cerebro se fatiga y las ideas se graban menos. En este estado no puede experimentarse satisfacción ni alegría. El cansancio de un cuarto de hora no se repara con otro cuarto de hora de reposo; una noche no basta para rehacerse del desgaste del día. Esta es la causa por qué cansa a veces la visita apresurada a un museo o la lectura nerviosa de un periódico. *Este trabajo, continuado así, acarrea finalmente el agotamiento cerebral.*

Los grandes genios, artistas, inventores, héroes, santos, suelen ser silenciosos, concentrados. La disipación, dispersando las energías, debilita; la concentración, al reunirlas en un haz apretado, las aumenta. No es que en el mismo instante haya varias ideas en el foco de la atención, sino que el cambio a la idea paralela es tan rápido que nos parece que están allí simultáneamente.

Reeducación más psíquica. La falta de interés por lo que leemos, oímos o hacemos, o la mayor repulsión, atractivo o importancia que concedemos a lo que deseamos o tememos, son los mayores enemigos de la concentración. Las fobias, las preocupaciones o pasiones desenfrenadas, son las que más distracciones causan. El remedio consiste ante todo en descubrir ese foco perturbador, y en debilitarlo y aun destruirlo. Al mismo tiempo hay que suscitar el interés y gusto por lo que estudiamos o hacemos, viendo su utilidad, conveniencia y aun facilidad. Y mejor aún, verlo a la luz y al calor del ideal, lo que suscitará el entusiasmo.

a. Del dominio imperfecto al control

Los débiles psíquicamente, al entregarse al estudio, no tienen concentración verdadera, y en los tiempos en que deberían descansar siguen pensando en sus estudios y negocios o andan enredados en preocupaciones, dudas y tristezas. Aun en el sueño no llegan al reposo completo, pues frecuentemente lo pasan con pesadillas. Emiten mucho más de lo que reciben.

El trabajo *concentrado* a sus tiempos, y por las sensaciones o vida *conscientes* en los demás, evitarán este desorden consiguiendo el equilibrio de las personas psíquicamente normales. Estas, en los momentos de concentración, trabajo o de estudio, *sólo* piensan en lo que hacen, olvidándose de todo lo demás, y en los otros momentos, o tienen sensaciones conscientes, o pensamientos agradables, espontáneos, más pasivos que activos; de este modo el tiempo de descanso o de sensaciones es proporcionado al tiempo de trabajo o de concentración. Debemos llegar a tal dominio de nuestras facultades que podamos pasar rápidamente del trabajo al descanso, de nuestro mundo interior al exterior, de la concentración a la sensación y viceversa.

Existe un proverbio chino que ilustra de una manera clara lo que tratamos de decir:

Un camino..............si no lo andas, nunca llegas.
Un negocio..............si no lo atiendes, no prospera.
Un hombre..............si no lo educas, no mejora.
Una campana.............si no la tocas, no suena.
Y este libro..............si no lo practicas, no lo entiendes,
Hay que ....estudiarlo y experimentarlo.

La concentración tranquila, fijándose nítidamente en una sensación o idea, sin repetir el impulso de atender, será de pocos segundos a un minuto. En cambio, el seguir con paz el desarrollo sucesivo de sensaciones o raciocinios puede prolongarse muchos minutos y, si persiste el interés, aun varias horas.

Pero a veces tenemos que hacer esfuerzos por atender, por ejemplo, el automovilista con prisa que tiene que sortear frecuentes obstáculos o curvas difíciles; el estudiante que teme no entender o perder algo de la explicación, y todos, cuando creemos que vamos a fracasar o a cansarnos.

IV. LA NATURALEZA DE LA INTELIGENCIA EMOCIONAL

La inteligencia académica tiene poco que ver con la vida emocional. Las personas más brillantes se pueden hundir en los peligros de las pasiones desenfrenadas y de los impulsos incontrolables; personas con un coeficiente intelectual (IQ) elevado pueden ser pilotos increíblemente malos de su vida privada.

La inteligencia emocional se mueve en otra dimensión y se muestra en habilidades tales como ser capaz de motivarse y persistir frente a las decepciones; controlar el impulso y demorar la gratificación, regular el humor y evitar que los trastornos disminuyan la capacidad de pensar; mostrar empatía y abrigar esperanzas. La aptitud emocional es una meta-habilidad y determina lo bien que podemos utilizar cualquier otro talento, incluido el intelecto puro.

Estudiosos a través de los últimos cincuenta años han planteado que no existe una única y monolítica clase de inteligencia, fundamental para el éxito de la vida, sino un amplio espectro de inteligencias con siete variedades clave. Su lista incluye dos clases académicas típicas, la facilidad verbal y la lógico-matemática, pero llega a incluir la capacidad espacial que poseen, por ejemplo, artistas o arquitectos destacados; el genio kinestésico exhibido en la plasticidad y la gracia de una Martha Graham o de Magic Johnson; y el talento musical de un Mozart. Como remate de la lista, hay dos caras de lo que Gardner llama inteligencias personales: destrezas interpersonales, como las de un gran terapeuta del estilo de Carl Rogers, o de un líder mundial como Martin Luther King, Jr. y la capacidad intrapsíquica que podría surgir, por un lado, en las brillantes interpretaciones de Sigmund Freud o, con menos fanfarria, en la satisfacción interior que surge de armonizar la propia vida para que esté de acuerdo con los auténticos sentimientos personales.

Durante las décadas de mediados del siglo pasado, la psicología académica estuvo dominada por los conductistas, que opinaban que solo la conducta observable objetivamente, desde el exterior, podía estudiarse con precisión científica. Los conductistas llevaron la vida interior, incluidas las emociones, a una zona prohibida para la ciencia.

Los modelos predominantes entre los científicos cognitivos respecto a cómo la mente procesa información ha reconocido hoy que la racionalidad está guiada y a veces inundada por el sentimiento.

La desproporcionada visión científica de una vida mental emocionantemente chata — que ha guiado los ochenta últimos años de investigación sobre la inteligencia — está cambiando poco a poco, mientras la psicología ha empezado a reconocer el papel esencial de los sentimientos en el pensamiento.

En los últimos años, un grupo cada vez más grande de psicólogos ha llegado a conclusiones similares, estos psicólogos Goleman y Salovey han adoptado una visión más amplia de la inteligencia, tratando de reinventarla en función de lo que hace falta para alcanzar el éxito en la vida. Y esa línea de investigación nos lleva otra vez a la evaluación de lo importante que es la inteligencia personal o emocional.

Las habilidades de las personas en cada una de estas esferas son diferentes; algunos de nosotros podemos ser muy expertos para manejar nuestra propia ansiedad, por ejemplo, pero relativamente ineptos para aliviar los trastornos de otros.

b. IQ e inteligencia emocional: tipos puros

El concepto de Inteligencia Emocional difundido ampliamente por David Goleman ha permeado los programas educativos, los procesos de relaciones humanas en las empresas y familias. La UNESCO convocó en una iniciativa mundial en el año de 2002, para que la educación incluya los 10 principios básicos imprescindibles para poner en marcha programas de desarrollo del aprendizaje social y emocional.

En el mundo empresarial se ha encontrado en la inteligencia emocional una herramienta inestimable para comprender la productividad laboral de las personas, también contribuye al éxito de las empresas y está presente en los requerimientos del liderazgo. También la revista *Harvard Business Review* ha llegado a calificar a la inteligencia emocional como un concepto revolucionario, una noción arrolladora, una de las ideas más influyentes de la década en el mundo empresarial. En la tercera década de este siglo, los reclutadores de personal buscarán, cada vez más, en los trabajadores, la inteligencia emocional.

Se ha reconocido que para algunos puestos el coeficiente intelectual no arroja luz sobre el desempeño de una persona en sus actividades académicas, profesionales o personales, Daniel Goleman ha intentado desentrañar qué factores determinan las marcadas diferencias que existen, por ejemplo, entre un trabajador "estrella" y cualquier otro ubicado en un punto medio.

En la vida personal y profesional la diferencia entre éxito y fracaso radica en ese conjunto de habilidades que ha llamado "inteligencia emocional", entre las que destacan el autocontrol, el entusiasmo, la empatía, la perseverancia y la capacidad para motivarse a uno mismo. La evidencia demuestra que las habilidades emocionales son susceptibles de aprenderse y perfeccionarse a lo largo de la vida, si para ello se utilizan los métodos adecuados.

El IQ y la inteligencia emocional (EQ) no son conceptos opuestos sino más bien distintos. Todos mezclamos intelecto y agudeza emocional; las personas que poseen un elevado IQ pero una inteligencia emocional escasa (o un bajo IQ y una elevada inteligencia emocional) son, a pesar de los estereotipos, relativamente pocas.

Los hombres que tienen una inteligencia emocional elevada son socialmente equilibrados, sociables y alegres, no son pusilánimes ni suelen pensar las cosas una y otra vez. Poseen una notable capacidad de compromiso con las personas o las causas, son capaces de asumir responsabilidades y de alcanzar una perspectiva ética; son solidarios y cuidadosos de las relaciones. Su vida emocional es rica y apropiada; se sienten cómodos con ellos mismos, con los demás y con el universo social donde viven.

Las mujeres emocionalmente inteligentes son personas que suelen ser positivas y expresan sus sentimientos abiertamente, y se muestran positivas con respecto a ellas mismas; para ellas, la vida tiene significado. Al igual que los hombres, son sociables y expresan sus sentimientos de manera adecuada (más que en estallidos de los cuales podrían arrepentirse más tarde); se adaptan bien a la tensión. Su aplomo social les permite comunicarse fácilmente con personas nuevas; se sienten lo suficientemente cómodas con ellas mismas para ser alegres, espontáneas y abiertas a la experiencia sensual.

c. conocerse a sí mismo

Los psicólogos utilizan el término metacognición, un término bastante denso y complicado, para referirse a una conciencia del proceso del pensamiento, y metahumor para referirse a la conciencia de las propias emociones. Otros prefieren, como yo, la expresión conciencia de uno mismo (selfawareness), en el sentido de una atención progresiva a los propios estados internos. En esta conciencia autorreflexiva la mente observa e investiga la experiencia misma, incluidas las emociones. La autoobservación permite una conciencia ecuánime de sentimientos apasionados o turbulentos.

En resumen, conciencia de uno mismo significa ser "consciente de nuestro humor y también de nuestras ideas sobre ese humor. Los pensamientos típicos que indican una conciencia emocional de uno mismo son, entre otros: No debería sentirme así, estoy pensando cosas buenas para alegrarme y, en el caso de una conciencia de uno mismo más restringida, el fugaz pensamiento "No pienses en eso", en respuesta de algo muy perturbador.

Mayer opina que las personas suele adoptar estilos característicos para responder y enfrentarse a sus emociones:

1.- Consciente de sí mismo. - conscientes de sus humores estas personas, su claridad con respecto a las emociones puede reforzar otros rasgos de su personalidad: son independientes y están seguras de sus propios límites, poseen una buena salud psicológica y suelen tener una visión positiva de la vida. Su cuidado los ayuda a manejar sus emociones.

2.- Sumergido. - personas que se sienten empantanadas en sus emociones e incapaces de librarse de ellas, como si el humor las dominara, son volubles y no muy conscientes de sus sentimientos, sienten que no controlan su vida emocional y a menudo se sienten abrumadas y emocionalmente descontroladas.

3.- Aceptador. - suelen ser claras con respecto a lo que sienten, también tienen tendencia a aceptar sus humores, y no tratan de cambiarlos.

La conciencia de uno mismo es fundamental para la penetración psicológica; esta es la facultad que gran parte de la psicoterapia intenta fortalecer. El comienzo fisiológico de una emoción ocurre típicamente antes de que una persona conozca conscientemente el sentimiento mismo. Existen dos niveles de emoción, la consciente y la inconsciente. El momento en que una emoción se convierte en algo consciente marca su registro como tal en la corteza frontal. Las emociones que arden bajo el umbral de la conciencia pueden ejercer un poderoso impacto en la forma en que percibimos y reaccionamos, aunque no tengamos idea de que están funcionando.

d. Desarrollo de la inteligencia emocional

Los tiempos actuales son tiempos de cambio. Al desaparecer la relativa estabilidad de los años anteriores, las personas pierden el mapa que los guiaba y viene la incertidumbre. Los procesos analíticos y racionales ya no les sirven en este nuevo mundo. Ahora se requiere el desarrollo de una nueva área. El área emocional.

Al no poder adaptarse a las nuevas circunstancias, se extiende una enfermedad emocional que se expresa en el aumento de casos de depresión en el mundo entero, la aparición del síndrome de fatiga crónica, en los recordatorios de una creciente corriente de agresividad: Adolescentes que van a las escuelas con armas, accidentes en autopistas que acaban con disparos, ex empleados descontentos que asesinan a sus antiguos compañeros de trabajo, una ola de suicidios en jóvenes menores de 18 años. Maltrato emocional, inadaptación, y estrés post-traumático, son expresiones que han pasado a formar parte del léxico común en la última década mientras la frase en boga ha pasado del alegre "Que le vaya bien", a la irritabilidad "déjenme en paz".

La mayoría de las personas tenemos dificultades para manejar situaciones emocionalmente delicadas en la vida cotidiana y en el trabajo, sobre todo cuando las emociones que se despiertan son la ira y la ansiedad aunadas a la dificultad de comunicarse, los resultados de ello pueden ser desastrosos. Aquí hablaremos de la manera en que las personas pueden aprender a utilizar sus emociones en forma productiva y desarrollar las capacidades necesarias para relacionarse adecuadamente con los demás.

Hemos escuchado hablar sobre lo que son las habilidades del ser humano, existe una división entre las habilidades: las Habilidades Emocionales, las Habilidades Cognitivas y Habilidades de Conducta, las habilidades emocionales se desglosan de la siguiente manera: Identificación y designación de sentimientos, expresión de sentimientos, evaluación de la densidad de los sentimientos, manejo de sentimientos, postergación de la gratificación, dominio de impulsos, reducción de estrés, conocimiento de la diferencia entre sentimientos y acciones.

En cuanto a Habilidades Cognitivas estas se dividen en: conversación personal: conducción de un dialogo interior como una forma de enfrentarse a un tema o desafío para reforzarse o para reforzar la propia conducta. Lectura e interpretación de señales sociales: por ejemplo, reconocimiento de influencias sociales sobre la conducta y verse uno mismo en la perspectiva de la comunidad más grande.

Esto es el principio del desarrollo del concepto de "Inteligencia Emocional", en pocas palabras la inteligencia emocional es el uso inteligente de las emociones: de forma intencional, hacemos que nuestras emociones trabajen para nosotros, utilizándolas con el fin de que nos ayuden a guiar nuestro comportamiento y a pensar de manera que mejoren nuestros resultados.

Nuestra inteligencia emocional deriva de cuatros elementos esenciales que funcionan como componentes básicos de la misma que si se desarrollan aumenta de manera notable nuestro coeficiente emocional (EQ). Estos cuatro componentes básicos fueron establecidos por los psicólogos John Mayer, de la Universidad de New Hampshire, y Peter Salovey.

Cada componente básico representa capacidades que, combinadas, dan lugar a la inteligencia emocional Se organizan de modo jerárquico y cada nivel superior incorpora y desarrolla las capacidades de los niveles inferiores. Estos cuatro componentes básicos son:

1. La capacidad de percibir, valorar y expresar emociones con precisión.
2. La capacidad de poder experimentar, o de generarlos a voluntad, determinados sentimientos, en la medida que faciliten el entendimiento de uno mismo o de otra persona.
3. La capacidad de comprender las emociones y el conocimiento que de ellas se deriva.
4. La capacidad de regular las emociones para fomentar un crecimiento emocional e intelectual.

Hoy en día las organizaciones están en la constante lucha de sobrevivir a los cambios del entorno, a la "globalización" que las alcanza, para ello es muy necesario contar con su principal recurso "el humano" desarrollado de tal forma que ellos ayuden, colaboren, promuevan y vivan el cambio y tengan una total identidad con la organización, teniendo éstos necesidades y metas como personas e individuos necesitan de directivos y/o administradores que comprendan y apoyen sus intereses.

La carencia de inteligencia emocional en las organizaciones mina el desarrollo y el éxito tanto de individuos como de empresas, e inversamente, el uso de la inteligencia emocional genera resultados productivos tanto a nivel empresarial como a nivel individual. Por lo que estamos convencidos que administradores con un alto E.Q. pueden hacer esto, colaboran a hacer mejores empleados al ser empáticos con sus trabajadores obteniendo mejores resultados de ellos.

Es la inteligencia emocional la que nos permite tomar conciencia de nuestras emociones, comprender los sentimientos de los demás, tolerar las presiones y frustraciones que soportamos en el trabajo, acentuar nuestra capacidad de trabajar en equipo y adoptar una actitud empática y social, que nos brindará más posibilidades de desarrollo personal.

Cuando los trabajadores utilizan su inteligencia emocional ayudan a crear una organización emocionalmente inteligente, en la que todos los miembros adoptan la responsabilidad de aumentar su propia inteligencia emocional para utilizarla en sus relaciones con los demás y aplicarla en el conjunto con la organización.

Basta con imaginar lo que sería trabajar en una empresa en la que, por ejemplo, todos se comunicarán con comprensión y respeto, donde las personas establecieran objetivos de grupo y ayudaran a los demás a conseguirlos, y donde el entusiasmo y la confianza en las organización fuera general, de forma que todos estuvieran lo bastante inspirados como para fomentar el desarrollo de la inteligencia emocional entre los trabajadores de la empresa.

De acuerdo con el Presidente de la Fundación Calidad Americana: "las emociones tienen un alto funcionamiento en todas las empresas, pero esto es muy poco evaluado en la mayoría de las organizaciones hoy en día". Los estudios demuestran que en las organizaciones de alto desempeño que los logros por las emociones son: incremento de valores éticos como: la confianza, la integridad, la empatía y la credibilidad.

Salovey incluye las inteligencias personales de Gardner en su definición básica de inteligencia emocional, ampliando estas capacidades a cinco esferas principales:

Conocer las propias emociones. La conciencia de uno mismo el reconocer un sentimiento mientras ocurre es la clave de la inteligencia emocional. La capacidad de controlar sentimientos de un momento a otro es fundamental para la penetración psicológica y la comprensión de uno mismo. La incapacidad de advertir nuestros auténticos sentimientos nos deja a merced de los mismos. Las personas que tienen una mayor certidumbre con respecto a sus sentimientos son mejores guías de su vida y tienen noción más segura de lo que sienten realmente con respecto a las decisiones personales, desde con quien casarse hasta qué trabajo aceptar. El tener conciencia implica los siguientes puntos:

1. La conciencia significa que la persona tiene abiertos los canales de percepción, su grado de conciencia es su grado de perceptividad y apertura.

2. Una persona consciente generalmente puede discriminar entre clases de eventos y organizar su experiencia. Reconoce si un evento ocurre dentro o fuera de él, y puede decir si el evento representa sentimiento, pensamiento o conducta.

Generalmente conoce el valor que tiene el evento; sabe si es esencialmente positivo o negativo en términos de placer o de supervivencia.

La persona consciente sabe comunicarse de manera electiva. Puede comunicar acertadamente su percepción de los eventos de su ambiente interno y externo. Puede indicar verbalmente si su comportamiento es constructivo o destructivo.

Una persona consciente se sabe comunicar de manera efectiva, conoce y puede describir verbalmente las semejanzas y diferencias entre las personas. Acepta y tolera éstas. La sensación se refiere a los datos que llegan a través de los sentidos: veo, oigo, huelo, toco, pruebo ("sensación externa"), y es este el nivel en el que se percibe la realidad para iniciar todo el proceso subsiguiente. La interpretación se refiere a darle un significado a los datos que el individuo recibe por los sentidos y son filtrados a través de la experiencia, de acuerdo a su pasado, historia, valores, creencias y herencia cultural. Mediante los cuales, tendrá un sentido diferente de interpretar lo que acontece en su entorno. Al hablar en forma interpretativa, la persona no reporta lo que percibe, sino lo que infiere y es aquí donde empieza su actitud subjetiva.

¿Me puedo dar cuenta bajo que lente estoy viendo mí realidad? Los sentimientos son una respuesta emocional o afectiva a los datos sensibles recibidos y al significado que se les asigna. Generalmente los sentimientos van acompañados de una sensación que se produce en un momento de alguna parte del cuerpo. Cuando se habla de sentimiento suele hacerse tanto en forma descriptiva, como inferida. Se puede reconocer cuando alguien expresa una intención, porque habla de lo que desea que pase, de lo que quiere hacer o bien hace inferencias de otros deseos.

La intención es un excelente elemento, en donde el individuo puede poner en práctica su creatividad, es decir darle rienda suelta a su fantasía e idear las posibles formas en que puede satisfacer la necesidad que surge a partir de la percepción. Sin embargo la intención, queda sólo a nivel ídeativo, cuando planeo y no hago nada, vivo en un mundo de fantasías y demostraciones, comandadas por mis miedos y mandatos, desenergetizan mis acciones.

Manejar las emociones. Manejar los sentimientos para que sean adecuados es una capacidad que se basa en la conciencia de uno mismo, las personas que carecen de esta capacidad luchan constantemente contra sentimientos de aflicción, mientras aquellas que la tienen desarrollada pueden recuperarse con mucha mayor rapidez de los reveses y trastornos de la vida.

La propia motivación. Ordenar las emociones al servicio de un objetivo es esencial para prestar atención, para la auto motivación y la dominio, y para la creatividad. El autodominio emocional -postergar la gratificación y contener la impulsividad- sirve de base a toda clase de logros.

Reconocer emociones en los demás. La empatía, otra capacidad que se basa en la autoconciencia emocional, es la "habilidad" fundamental de las personas. Las personas que tienen empatía están mucho más adaptadas a las sutiles señales sociales que indican lo que otros necesitan o quieren.

Manejar las relaciones. El arte de las relaciones es, en gran medida, la habilidad de manejar las emociones de los demás. Una vez que se ha realizado una introspección seria donde el análisis de uno mismo lo haya llevado a tener una imagen genérica, es necesario empezar a construir o a reconstruir nuestra propia imagen o si se quiere, nuestra personalidad.

Las bases para el crecimiento personal están dadas por la autoestima y por nuestro proyecto de vida. Se ha considerado comúnmente que el éxito y la superación del hombre en la realización de sus actividades cotidianas, están ligados estrechamente con sus características y cualidades personales. Sin embargo, hay ocasiones en que el ser humano se siente inadaptado ante situaciones imprevistas o totalmente nuevas, reaccionando también en una forma inesperada; deseando, posteriormente, comprenderse mejor a sí mismo para reaccionar de manera adecuada, o por lo menos no tan bruscamente.

Los teóricos de la modificación de la conducta han discutido sobre la posibilidad o no de modificar la personalidad y aunque muchas personas creen que no se puede hacer nada para cambiarla, están equivocadas. Sin duda que si se intenta modificar características o atributos físicos que impacten negativamente a la persona ello será imposible. No obstante, en aspectos de personalidad existen varios de ellos que son susceptibles de modificar.

Conocerse a sí mismo y sentirse satisfecho consigo mismo son dos factores trascendentes para el desarrollo de la personalidad del ser humano; así como para que alcance la madurez de su comportamiento. En ese sentido, la autoestima hace referencia a cómo se siente una persona y qué opina acerca de sí misma, así como el valor que ésta se atribuye. Está ligada estrechamente con la aceptación que la persona recibe por parte de las personas que la rodean.

Como resultado del proceso de desarrollo de la inteligencia emocional la persona logra una alta autoestima. La autoestima es como la "plataforma" de identidad, proyección y desarrollo que se requiere para alcanzar la plena expresión de sí mismo en el transcurso de esta vida tan acelerada y modernizada. También tiene mucho que ver con la forma en la que aquél se relaciona con sus semejantes, pues sólo estará bien con ellos cuando logre estar a gusto consigo mismo.

Los beneficios del desarrollo de la inteligencia emocional son innumerables. Además de los anteriormente mencionados tenemos los siguientes:

Autoconocimiento Emocional o Mejora en el reconocimiento y la designación de las propias emociones.

- Mayor capacidad para entender las causas de los sentimientos
- Reconocimiento de la diferencia entre sentimientos y acciones.

Manejo de las emociones y eficacia emocional.
- ❖ Mayor tolerancia ante las frustraciones, y control del enojo.
- ❖ Menos comportamiento agresivo o autodestructivo.

❖ Mayor capacidad para expresar adecuadamente el enojo, sin pelear.
❖ Más sentimientos positivos.
❖ Mejor manejo del estrés. Menor soledad y ansiedad social.

Aprovechamiento productivo de las emociones
❖ Más responsabilidad.
❖ Mayor capacidad de concentrarse en la tarea.
❖ Menos impulsividad, mayor autocontrol.

Empatía: Interpretación de las emociones.
❖ Mayor capacidad para comprender el punto de vista de otra persona.
❖ Mejora de la empatía y de la sensibilidad para percibir los sentimientos de los otros.
❖ Mejora de la capacidad de escuchar..

Manejo de las relaciones personales
❖ Aumento de la habilidad para analizar y comprender las relaciones.
❖ Mejora de la resolución de los conflictos y de la negociación en los desacuerdos.
❖ Mejora en la solución de problemas planteados en las relaciones.
❖ Mayor habilidad y actitud positiva en la comunicación.
❖ Más popularidad y sociabilidad.
❖ Mayor preocupación y consideración.
❖ Mayor solicitud por parte de sus pares.
❖ Más actitud "pro-social" y armoniosa en grupo.
❖ Mayor cooperación, ayuda y actitud de compartir.
❖ Actitud más democrática en el trato con los otros.

El desarrollo de la inteligencia emocional es uno de los factores críticos para tener éxito en el trabajo en todos aquellos puestos que tienen relaciones con personas, sea jefe o subordinado, si tiene que tratar con personas requerirá de las herramientas de la IE. Pero para lograr la autorrealización se considera que necesitamos ser seres humanos completos.

CAPITULO DOS. SER UN SER HUMANO.

Estamos convencidos de que el objetivo final del estudio científico del hombre -del que la psicología es una parte importante - es mejorar la condición humana. ¿Pero esto que significa? Quizá la mejor respuesta se encuentra en la descripción del ser humano completo. Este es una persona que ha desarrollado su inteligencia emocional con un propósito y características específicas. Ni las cualidades que enumeramos a continuación, ni el orden en que las citamos son absolutos. Pero, por sí mismas, le proporcionarán una buena idea de lo que es el estudio de la modificación de la conducta y del desarrollo humano, tal como nosotros lo consideramos. Para alcanzar el objetivo de formar personas auténticas y espontáneas los Grupos de entrenamiento y desensibilización tratan de desarrollar seres humanos completos. A continuación enumeramos las características más significativas de ese ser humano completo.

A. El ser humano completo aprecia su propia individualidad y singularidad.

En el proceso de llegar a ser un ser humano completo para desarrollar la individualidad y la singularidad que nos distinga completamente de otros, utilizamos a otras personas de referencia. Parte del concepto que el niño tiene de sí mismo se desarrolla por medio de la conducta modelada. Observando a los demás -a sus padres, a otros niños de su misma edad, o quizás algún tipo de héroe - el niño moldea una imagen de cómo vestir, hablar y comportarse.

En este proceso tiene una particular importancia el padre del mismo sexo que el niño. Es decir, una niña aprende lo que significa ser "femenina" observando a su madre, y un niño imita a su padre cuando intenta ser "varonil". Ello constituye una fuente de información muy importante, y los niños que carecen del padre del mismo sexo (debido a la muerte de éste, al divorcio, o incluso por falta de relaciones íntimas) pueden tener grandes problemas al intentar formar una imagen de sí mismos aceptable. Lo mismo puede ocurrirles a todos aquellos niños cuyo progenitor del mismo sexo muestre una conducta que a él le pueda parecer "extravagante" o inaceptable.

En el pasado, el modelado paterno era mucho más fuerte que en la actualidad, hasta el punto que el hijo de un médico quería estudiar en la misma facultad de medicina que su padre e incluso esperaba hacerse cargo de su consulta cuando tuviese el título. Incluso a pesar de que esta actitud ha dejado de tener validez en la actualidad, la mayoría de los individuos reciben fuertes mensajes "paternales" sobre qué trabajos son aceptables o no. Ello puede tener dos efectos distintos; un joven puede seleccionar un trabajo o una profesión entre todas aquellas que son, por lo menos, similares a la de sus padre (si su padre es médico, es muy probable que él se decida a estudiar una carrera, en vez de dedicarse a la venta o a trabajar en una industria). Pero, si se ha producido una rotura lo suficientemente importante entre sus padres y él, es muy posible que prefiera dedicarse a un trabajo completamente opuesto al de su padre. Muchos padres, maestros, jefes en el trabajo recomiendan a sus hijos, estudiantes, subordinados; que copien a algún imaginario "ser humano perfecto". Pero cada persona es única, y una persona sana sabe apreciar sus cualidades especiales.

En vez de sentirnos incómodos porque no somos iguales a otros, debemos procurar diferenciarnos. En la medida que experimentamos diferentes conductas, estamos explotando nuestro potencial de seres humanos lo que nos conduce hacia el crecimiento como personas. En la medida en que repetimos conductas y nuestro actuar se hace más rígido o apegado a un "modelo" dejamos de crecer. Intentar nuevas formas de conducta diferentes a las de Juan o Pedro, el individuo puede diferenciar su "yo" y crecer más.

Parecerme lo menos posibles a los demás, es un signo de salud mental. Puedo imitar o tratar de desarrollar algunos rasgos positivos de las personas, pero sin dejar de ser yo mismo.

B. El ser humano completo tiene control de las preocupaciones.

Uno de los aspectos fundamentales del equilibrio emocional y espiritual es saber dimensionar las cosas y problemas de la vida tanto en importancia como en el tiempo dedicado a resolverlas. El autodominio, el ser capaces de soportar las tormentas emocionales a las que nos someten los embates de la fortuna en lugar de ser esclavos de la pasión, ha sido elogiado como virtud desde los tiempos de Platón.

Mantener bajo control nuestras emociones perturbadoras, es la clave para el bienestar emocional. Una señal de la capacidad para la autorregulación emocional puede ser el reconocer cuándo una agitación crónica del cerebro emocional es demasiado fuerte para ser superada sin ayuda farmacológica. Existen algunas reglas básicas que nos pueden ayudar a controlar las preocupaciones exageradas.

1. Expulsar la preocupación del espíritu manteniéndose ocupado. La actividad es uno de los mejores remedios para alejar a los pequeños "diablillos" que perturban el espíritu.

2. No agitarse por las cosas pequeñas y sin importancia. No permitir que los asuntos o problemas insignificancias ocupen nuestra mente y destruyan su felicidad.

3. Utilizar la ley de los promedios para eliminar las preocupaciones. Preguntarse: "¿Cuáles son las probabilidades de que esta cosa pueda ocurrir?"

4. Cooperar con lo inevitable. Si sabemos que hay alguna circunstancia cuyo cambio o revisión está fuera de su alcance, conformarse cuando no puede ser de otro modo.

5. Establecer un "tope de pérdida" para las preocupaciones. Decidir qué medida exacta de atención merece una cosa y negarse a dedicar al asunto una atención mayor.

6. Dejar que el pasado entierre a sus muertos. No tratar de aserrar el aserrín. Viva el presente y prepárese para el futuro.

Para logra poner en práctica estos principios debemos cultivar una actitud hacia la felicidad. La actitud o inclinación hacia le dominio de las preocupaciones implica modificar la forma en que procesamos la información. Esto es, modificar nuestros procesos mentales y pensamientos.

En alguna ocasión me preguntaron en una conferencia que cuál era la lección más importante que hubiera aprendido. La respuesta siempre la he llevado al alcance de mis labios, la lección que más ha impactado mi vida es la importancia de lo que pensamos. Si alguien supiera lo que otra persona piensa, sabría cómo es ella. Son nuestros pensamientos los que nos hacen lo que somos. Nuestra actitud mental es el factor X que determina nuestro destino. Lo que más nos afecta no son los problemas, sino como percibimos esos problemas, como los "pensamos".

Ahora se sabe que el mayor problema que una persona enfrenta es la elección de los pensamientos acertados y adecuados. Si somos capaces de esta elección, estamos en el camino que conduce a la solución de todos nuestros problemas. Marco Aurelio, el gran filósofo que gobernó el Imperio Romano, resumió esto en ocho palabras: "Nuestras vidas son la obra de nuestros pensamientos."

Sí tenemos pensamientos felices, seremos felices. Si tenemos pensamientos desdichados, seremos desdichados. Si tenemos pensamientos temerosos, tendremos miedo. Si tenemos pensamientos enfermizos, caeremos probablemente enfermos. Si pensamos en el fracaso, seguramente fracasaremos. Si nos dedicamos a compadecernos, todo el mundo huirá de nosotros. "Según un hombre piensa en su corazón, así es él."

Lo anterior no implica que no exista inquietud en nosotros en relación con nuestros problemas, pero no preocupaciones. La diferencia entre la inquietud y la preocupación se pude ilustrar al conducir en una avenida atestada por el tránsito en grandes ciudades como México, Los Ángeles, Guadalajara, etc. Puede uno sentir inquietud, pero no preocupación. La inquietud significa comprender los problemas y tomar con calma las medidas para solucionarlos. La preocupación significa dar vueltas enloquecedoras e inútiles, a un asunto.

Nuestros pensamientos tienen un profundo efecto en nuestra conducta y en los resultados de la vida. Por ejemplo, Pedro López habla así: "Me preocupaba por todo. Me preocupaba por mi delgadez, porque estaba perdiendo el cabello, porque temía no ganar nunca el dinero necesario para casarme, porque tenía la impresión de que nunca sería un buen padre, porque creía que iba a perder a la muchacha con la que quería casarme, porque entendía que mi vida no era feliz. Me preocupaba acerca de la impresión que causaba en los demás. Me preocupaba porque temía tener úlceras en el estómago Ya no podía trabajar y abandoné mi puesto. Mi tensión aumentó hasta que parecí una caldera sin ninguna válvula de seguridad. La presión era tan insoportable que algo tenía que ceder. Y cedió. Si no ha tenido usted nunca un derrumbe nervioso, ruegue a Dios no tenerlo, porque ningún dolor físico es comparable a la angustia sin límites de un espíritu atormentado.

"Mi derrumbe fue tan grave que no podía hablar ni siquiera con mi familia. No tenía dominio alguno sobre mis pensamientos. Tenía un miedo espantoso. El menor ruido me hacía saltar. Huía de todo el mundo. Lloraba sin el menor motivo aparente. Cada día era una agonía. Me sentía abandonado de todos, hasta de Dios. Durante cuatro meses estuve visitando a especialistas de los nervios y a psiquiatras. Los primeros me recetaron píldoras y los segundos siguieron las huellas de mis sueños y sondearon en mi infancia, a la busca de complejos ocultos. Las píldoras sólo fueron un alivio momentáneo y los sondeos sólo me procuraron preocupaciones nuevas. Estuve tentado de tirarme al río y acabar con todo.

"Decidí finalmente viajar, con la esperanza de que el cambio de ambiente me hiciera bien. Al subir al tren, mi padre me entregó una carta y me dijo que no la abriera hasta llegar a mi destino. Al llegar me pasaba mi tiempo en la playa. Me sentía más desdichado que en mi casa; con la vista de la playa, abrí el sobre que mi padre me había entregado. La nota decía: "Hijo mío, estás miles kilómetros de casa y no te sientes mejor, ¿no es así? Sabía que sería así, porque te llevaste contigo la única causa de tus zozobras, que eres tú mismo. No hay nada que ande mal en tu cuerpo o tu espíritu. No son las situaciones por las que has pasado lo que te ha puesto así, sino lo que tú piensas de esas situaciones. "Según un hombre piensa en su corazón, así es él. Cuando comprendas esto, hijo mío, vuelve a casa, porque estarás curado."

"'La carta de mi padre me enfureció. Quería simpatía, no instrucción. Estaba tan desequilibrado que en aquel momento decidí no volver nunca más a casa. Aquella noche me paseaba por una de las calles apartadas de la ciudad y llegué a una iglesia donde se estaban celebrando unos servicios. No teniendo otro lugar adonde ir, entré y escuché un sermón sobre el tema: "Quien conquista su espíritu es más fuerte que quien conquista una ciudad". La permanencia en el sedante ambiente de la casa de Dios y la repetición por el predicador de las ideas expuestas por mi padre en su carta barrieron toda la basura que se había acumulado en mi cerebro. Podía pensar con claridad y de modo razonable por primera vez en mi vida. Comprendí lo estúpido que había sido. Estaba escandalizado de verme a la verdadera luz: allí estaba, queriendo cambiar el mundo entero y todo lo que contenía, cuando la única cosa que necesitaba cambiar era el foco de los lentes de la cámara fotográfica que era mi espíritu.

"A la mañana siguiente hice mi equipaje y emprendí el regreso a casa. Una semana después había vuelto a ocupar mi puesto. Cuatro meses después me casé con la muchacha que temía perder. Ahora somos una familia feliz con cinco hijos. Dios ha sido bueno conmigo tanto material como mentalmente. En la época de mi quebranto nervioso, era supervisor de noche de un pequeño establecimiento que ocupaba a dieciocho personas. Ahora soy superintendente de la fabricación de cartón y estoy al frente de cuatrocientos cincuenta trabajadores. Creo que ahora aprecio bien los valores de la vida. Mi vida es más completa y amiga. Cuando los momentos de ansiedad tratan de infiltrarse como sucede en las vidas de todos.-, me digo que debo enfocar de nuevo mi cámara y todo se resuelve perfectamente.

"Puedo decir honradamente que me alegro de haber padecido aquella depresión, porque descubrí por medio de la dura experiencia el poder que los pensamientos pueden tener sobre nuestro espíritu y nuestro cuerpo. Ahora mis pensamientos trabajan para mí y no en contra mía. Comprendo ahora que mi padre tenía razón cuando decía que no eran las situaciones exteriores la causa de mi sufrimiento, sino lo que yo pensaba de esas situaciones. Tan pronto como me di cuenta de eso, me curé y... seguí curado."

Cuando analizamos los pensamientos y sentimientos de Pedro, quedo totalmente convencido de que nuestra paz interior y nuestra alegría dependen, no de dónde estamos, qué tenemos o qué somos, sino únicamente de nuestra actitud mental. Las condiciones exteriores tienen que ver con esto muy poco. En su ceguera, Milton descubrió esta verdad hace trescientos años:

Que es el alma su propio hogar y puede Del cielo hacer Averno y del Averno cielo.

Napoleón y Helen Keller son ejemplos perfectos de la declaración de Milton: Napoleón tenía todo lo que los hombres por lo general ambicionan - gloria, poder, riqueza, pero declaró en Santa Elena: "Jamás he conocido seis días felices en mi vida." En cambio Helen Keller ciega y sordomuda manifestó: "He encontrado que la vida es tan bella..." Podemos concluir que "nada que no sea uno mismo puede traernos la paz".

Montaigne, el gran filósofo francés, adoptó estas dieciocho palabras como lema de su vida: *"Un hombre no es herido por lo que sucede tanto como por su opinión de lo que sucede."* Y nuestra opinión de lo que sucede es cosa enteramente nuestra. Nosotros decidimos como interpretamos un hecho o evento.

Quizás podríamos preguntarnos si lo que se quiere decir es que una persona abrumada por sus problemas y con los nervios de punta puede cambiar su actitud mental mediante un esfuerzo de la voluntad. Aunque no es tan fácil como parece, eso es precisamente lo que intento decir. Y esto no es todo. Vamos paso a paso a mostrar cómo se hace. Tal vez exija cierto esfuerzo, pero el secreto es sencillo. William James, hizo una vez esta observación: "La acción parece seguir al sentimiento, pero en realidad, la acción y sentimiento van juntos y, regulando la acción, *que se halla bajo la* dominio *directo* de la voluntad, podemos regular indirectamente el sentimiento, que - no *lo está.*"

Lo anterior implica que si no podemos cambiar instantáneamente nuestras emociones con sólo "la decisión de hacerlo", si podemos cambiar nuestras acciones. Y, al cambiar nuestras acciones, cambiaremos automáticamente nuestros sentimientos. William James explica: "Por tanto, el camino voluntario de valor soberano para llegar a la alegría, si es que la has perdido, es sentarse alegremente y actuar y hablar como si la alegría estuviera ya a tu alcance".

Ponga en su cara una sonrisa amplia y espontánea; saque el pecho; respire pausada y profundamente; y entone algún canto, silbe. Pronto descubrirá usted a qué se refería William James: que es francamente imposible permanecer deprimido o agobiado mientras se manifiestan los síntomas de una felicidad radiante. Es esta una de las pequeñas verdades básicas de la naturaleza que puede fácilmente obrar milagros en nuestras vidas. Todo lo que necesitamos para esta transformación es comenzar a actuar de modo animoso y alegre, a actuar como si tuviera que dar expresión a un amor de juventud en lugar de dar vueltas a su amargado carácter.

Uno verá que, si cambia sus pensamientos sobre las cosas y los demás, las cosas y los demás cambiarán... Si un hombre cambia radicalmente sus pensamientos, quedará asombrado de la rápida transformación que se producirá en las condiciones materiales de su vida. Los hombres no atraen por lo que quieren, sino por lo que son... La divinidad que da forma a nuestros propósitos somos nosotros mismos... Todo lo que un hombre consigue es el resultado directo de nuestros propios pensamientos... Un hombre sólo puede prosperar, conquistar y alcanzar sus metas elevando sus pensamientos. Solamente puede permanecer débil e ínfimo por negarse a esta elevación.

El grado en que los trastornos emocionales pueden interferir la vida mental no es ninguna novedad, las personas que se ve atrapada en esos estados de ánimo no asimilan la información de manera eficaz ni la maneja bien. Cuando entorpecen la concentración, lo que ocurre es que queda paralizada la capacidad mental cognitiva que los científicos denominan "memoria activa", la capacidad de retener en la mente toda la información que atañe a la tarea que estamos realizando.

El estado que recibe el nombre de "Flujo" es en el que la excelencia no requiere ningún esfuerzo, la multitud y los competidores desaparecen, felizmente absorbidos por ese momento. Ser capaz de entrar en el así llamado flujo, es el punto óptimo de la inteligencia emocional; el flujo representa tal vez lo fundamental en preparar las emociones al servicio del desempeño y del aprendizaje. En el flujo las emociones no sólo están contenidas y canalizadas, sino que son positivas, están estimuladas y alineadas con la tarea inmediata.

Es una experiencia magnífica: el sello del flujo es una sensación de deleite espontáneo, incluso de embeleso. Debido a que el flujo provoca una sensación tan agradable, es intrínsecamente gratificante. Es un estado en el que las personas quedan profundamente absortas en lo que está haciendo, dedica una atención exclusiva a la tarea y su conciencia se funde con sus actos.

El flujo es un estado de olvido de sí mismo, lo opuesto a la cavilación y la preocupación: en lugar de quedar perdida en una nerviosa preocupación, la persona que se encuentra en un estado del flujo está tan absorta en la tarea que tiene entre manos, que pierde toda conciencia de sí misma y abandona las pequeñas preocupaciones de la vida cotidiana. También muestra un perfecto control de lo que está haciendo y sus respuestas guardan perfecta sintonía con las exigencias cambiantes de la tarea. Y aunque la persona alcanza un desempeño óptimo mientras se encuentra en este estado, no le preocupa cómo está actuando, ni piensa en el éxito o en el fracaso: lo que lo motiva es el puro placer del acto mismo.

La entrada en esta zona puede producirse cuando la persona encuentra una tarea para la que tiene habilidades y se compromete en ella a un nivel que en cierto modo pone a prueba su capacidad. Las personas parecen concentrarse mejor cuando las exigencias son un poco mayores de lo habitual, y son capaces de dar más de lo habitual.

El placer espontáneo, la gracia y la efectividad que caracteriza al estado de flujo son incompatibles con los asaltos emocionales, en los que el ataque límbico se apodera del resto del cerebro. La calidad de atención durante el estado de flujo es relajada aunque sumamente concentrada.

El estado de flujo carece de estática emocional, salvo por un sentimiento irresistible y sumamente motivador de suave éxtasis. Ese éxtasis parece ser un producto derivado de la atención, que es un prerrequisito del estado de flujo. Alguien que se encuentra en el estado de flujo se tiene la impresión de que lo difícil resulta fácil; el desempeño óptimo parece natural y corriente.

C. El ser humano completo vive en busca de su felicidad.

"La felicidad no se da ni se encuentra, se hace".

La felicidad no depende de lo que nos falta, sino del esmerado cultivo y buena administración de lo que tenemos, tampoco se debe a los acontecimientos que vivimos, sino a la manera como los encaramos. No está lejos de nosotros, sino que brota de lo más íntimo de nuestro ser. Es la conciencia de un bien, y cuanto mayor y más duradero sea mayor será la felicidad. Quien busca la dicha fuera de sí mismo es como un caracol en busca de casa. La felicidad no está en recorrer países viajando, ni en el consumo desmedido o emprender negocios para conseguirla; basta seguir nuestro camino, el camino del deber y del amor, y, si sabemos gobernar nuestros pensamientos, seremos capaces de extraer la alegría aun entre las espinas de la tribulación.

De nada sirve volverse dentro de sí mismo si se halla el corazón vacío, se siente tedio, disgusto, tristeza, y se procura olvidar por medio de diversiones, cines, fiestas, novelas, etc. Porque *no quitan la causa de la infelicidad* ni dan al corazón la satisfacción del amor. *Se contentan con encubrir el vacío de felicidad, pero no lo llenan.*

La alegría, dice Aristóteles, es el *"acompañamiento del acto perfecto";* ahora bien, un acto contra la conciencia, contra el deber, es un acto esencialmente viciado e imperfecto; sólo producirá, pues, aun después de un momentáneo deleite, una tristeza profunda y duradera.

Aun los que procuran la dicha allí donde está, a veces no la hayan; pues tropiezan con el Dolor, el enemigo número uno de la felicidad, y si no saben superarlo ni controlarse se ahogarán en un mar de tristeza. Para ello debemos *vivir en el presente, el aquí y ahora,* que son fuente de alegría. No pensemos en el pasado triste que ya huyó de nuestras manos; ni en el futuro angustioso e incierto, abandonémoslo.

La dicha es una felicidad y alegría no vana sino interior, verdadera y fundamental, que llene el corazón de paz y satisfacción. Esta dicha tiene cuatro facetas; nos viene por otras tantas vías: *La estética,* que nos permite recibir la belleza por la sensación consciente y sublime. *La intelectiva,* cuando poseemos la verdad por la certeza, mediante la concentración intelectual, y la perfeccionamos por el análisis y la síntesis. *La volitiva,* o el poder producir mediante el ejercicio de una voluntad firme y constante, lo que ha de ser apreciado y ha de causar satisfacción, es decir, el poder realizar un ideal. Pero no olvidemos que la felicidad consiste no tanto en realizar nuestro ideal cuanto en idealizar nuestra realidad. Y finalmente la *afectiva* al sentir la bondad propia irradiando en los demás y la bondad ajena volcándose en nosotros.

Para lograrlo tenemos un doble capital humano: nuestras facultades y el tiempo para hacerlas producir. Así como el que ve disminuir cada día su capital sin que le produzca intereses no puede tener verdadera satisfacción, así tampoco quien siente pasar el tiempo en diversiones u ocupaciones inútiles sin aprovecharlo y sin perfeccionarse.

La satisfacción es fruto de "una vida" en sus funciones más nobles intelectivas y volitivas con la característica de unidad y plenitud. ¿No es grande el placer intelectual del sabio que hace un descubrimiento? ¿La felicidad de la madre que siempre está amando y mostrando ese amor a su hijo, aun con trabajos y sufrimientos? Si aquel placer del sabio no fuese turbado por otras ideas y distracciones, y se prolongase con nuevos y más brillantes inventos, y si el de la madre tuviese por objeto, no un hijo mortal y con imperfecciones, sino tal que nunca se apartase de ella y adornado de todas las cualidades, entonces tendríamos la verdadera felicidad psíquica, ante la cual palidece toda la felicidad corporal, baja y pasajera. Podríamos sintetizarla con estas palabras: *unidad y plenitud de vida intelectual y afectiva.* Si aplicamos nuestros sentidos a percibir nuestra realidad tras los *espejitos divinos.* Si empleamos nuestro entendimiento en conocer, no una partecita de la verdad, sino toda la verdad, la verdad infinita, cada día encontraremos horizontes nuevos en la verdad y en la belleza.

1. Elegir un ideal

Para ser feliz debemos tener un ideal. Es el atajo seguro para conseguir lo que nos proponemos en la vida. Pero es necesario distinguir el ideal objetivo, por ejemplo, la ciencia, el arte, la santidad, el bien de la patria, etc., que puede ser el blanco de nuestras aspiraciones, y lo ideal, por ejemplo, en el hombre, en el militar, en el estudiante, etc., cuando, en nuestra mente, les quitamos todos los defectos y les adornamos de todas las cualidades posibles, sublimándolas hasta su más alta perfección. Esto sería el objeto de nuestros ideales. El ideal subjetivo de que ahora tratamos es una tendencia, una inclinación, un deseo muy intenso y permanente hacia ese objeto. El ideal tiene varios elementos, entre ellos el elemento cognoscitivo. Ante todo, se requiere una idea grande, idea concreta y constante, un blanco, un fin, un gran *bien nítida, clara y constantemente previsto.* Es una idea fija, una atención permanente con todo el poder de concentración y de acción que esto implica. El segundo es el *elemento afectivo* (es un requisito característico). Es una tendencia *fija, instintiva, sensible y espiritual* al mismo tiempo y sumamente intensa hacia ese bien que se presenta constantemente como llenando las aspiraciones de nuestro ser. Deseo que atraiga a sí las inclinaciones afines y neutralice las opuestas. El tercer es *el elemento volitivo y ejecutivo.* Esa atención y sentimiento permanente es querido por la voluntad y con esto adquiere nueva fuerza y constancia, y se traduce en actos repetidos en busca de ese bien.

2. Efectos del ideal

El ideal noble da unidad, armonía, vigor y plenitud a nuestra vida, aumentando la perfección física y psíquica de nuestros actos. La unidad de pensamiento y de deseo acaba con las ideas parásitas, facilitando la concentración y dando al trabajo y al estudio su agrado y rendimiento máximo. La felicidad, por su parte, gana mucho con esa unidad y exuberancia de vida intelectiva y afectiva que brota del ideal, con la natural alegría de los actos perfectos y con la profunda satisfacción que sigue al mérito y al bien moral. El ideal *no debe estar en pugna con nuestro bien total,* es decir, con nuestro último fin, sino que lo facilite. No es perfecto el ideal que no se puede realizar en cada instante. Por eso, cuando algún contratiempo, una enfermedad nos lo impida, digamos "Si no puedo ahora realizar mi ideal, quiero por lo menos idealizar mi realidad", es decir, ver lo sublime de ese dolor. El ideal de vida moral, sin claudicaciones: deber, justicia, verdad. Vida intelectual seria y ordenada. Vida del corazón con dos movimientos: para darse y guardarse. Pero sobre todo, vida espiritual intensa, clara y profunda, primeramente interior, debemos *concretarlo para iniciar el camino hacia la autorrealización.*

Es necesario luchar por nuestra felicidad siguiendo un programa diario de pensamientos animosos y constructivos como seguir un programa diario. Si lo seguimos, eliminaremos la mayoría de nuestras preocupaciones y aumentaremos de modo inconmensurable nuestra porción de lo que los franceses llaman *la alegría de vivir.*

3. Solo por hoy

Si queremos crearnos una actitud mental que nos proporcione paz y felicidad necesitamos actuar animosamente y *sentirnos* animosos .....solo por hoy.

Sólo por hoy, seré feliz. Esto supone que es verdad lo que dijo Abraham Lincoln, que "la mayoría de las personas son tan felices como deciden serlo". La felicidad es algo Interior; no es asunto de fuera.

Sólo por hoy, trataré de ajustarme a lo que es y no trataré de ajustar todas las cosas a mis propios deseos. Aceptaré mi suerte como sea y procuraré encajar en toda situación familiar, social o de trabajo.

Sólo por hoy, cuidaré de mi organismo. Lo ejercitaré, lo atenderé, lo alimentarse, no abusaré de él ni lo abandonare, lo cuidare de tal forma que será una perfecta máquina para mis acciones.

Sólo por hoy, trataré de vigorizar mi espíritu. Aprenderé algo útil. No seré un perezoso mental. Leeré algo que requiera esfuerzo, meditación y concentración.

Sólo por hoy, ejercitaré mi alma de tres maneras. Haré a alguien algún bien, sin que él lo descubra. Y haré dos cosas que no me agrade hacer, sólo por ejercitarme.

Sólo por hoy, seré agradable. Tendré el mejor aspecto que esté a mi alcance, hablaré en voz baja, me mostraré cortés, seré generoso en la alabanza, no criticaré a nadie, no encontraré defectos en nada y no intentaré dirigir o enmendar la vida de los demás.

Sólo por hoy, trataré de vivir únicamente este día, sin abordar a la vez todo el problema de la vida. Puedo hacer en doce horas cosas que me espantarían si tuviera que mantenerlas durante una vida entera.

Sólo por hoy, tendré un programa. Consignaré por escrito lo que espero hacer cada hora. Aunque no siga exactamente el programa, pero lo tendré. Eliminaré dos plagas, la prisa y la indecisión.

Sólo por hoy, tendré media hora tranquila de soledad y descanso. En esta media hora pensaré a veces en Dios, a fin de conseguir una mayor perspectiva para mi vida.

Sólo por hoy, no tendré miedo y especialmente no tendré miedo de ser feliz, de disfrutar de lo bello, de amar y de creer que los que amo me aman.

D. El ser humano completo no paga con la misma moneda.

Cuando odiamos a otras personas, les damos poder sobre nosotros, poder sobre nuestro sueño, nuestros deseos, nuestra vida, nuestra salud y nuestra felicidad. Nuestros enemigos bailarían de alegría si supieran cómo nos preocupan, cómo nos torturan y cómo se nos imponen. Nuestro odio no les daña, pero convierte nuestros días y noches en un infierno.

Si una persona egoísta trata de aprovecharse de uno, lo mejor es borrarlo de la lista de amistades o de personas con las que uno convive, alejarnos de ella pero no tratemos de pagarle con la misma moneda. Cuando intentamos pagar con la misma moneda, nos hacemos más daño del que se puede hacer a otra persona. Son palabras que parecen pronunciadas por un idealista habituado a mirar a las estrellas o por una persona fría e insensible. Pero no es así. Estas palabras son la clave y hacen la diferencia entre una vida con paz espiritual y una llena de resentimiento.

El intento de pagar con la misma moneda nos puede dañar de muchos modos, incluso puede quebrantar la salud. El odio destruye nuestra capacidad para disfrutar de los alimentos. Además, nuestros enemigos se frotarían las manos de gusto y bailarían de alegría si supieran que el odio que sentimos hacia ellos nos está agotando y, poniendo nerviosos, desfigurando, creando perturbaciones afectando nuestra la existencia.

Si no podemos amar a nuestros enemigos, amémonos por lo menos a nosotros mismos. Amémonos lo suficiente para no permitir que nuestros enemigos dominen nuestra felicidad, nuestra salud y nuestro aspecto. Shakespeare escribió una vez: *No alientes* del odio tanto el horno Que te *quemes tú* mismo.

Un modo seguro de perdonar y olvidar a nuestros enemigos es dejarse absorber por una causa infinitamente superior a nosotros mismos. Entonces los insultos y las inquinas no nos importarán, porque nos olvidaremos de todo lo que no sea nuestra paz. Llegar a un equilibrio interior para situarse, como dijo Nietzche, "más allá del bien y del mal" requiere de esfuerzo y dedicación. Pero al final, recogemos lo que sembramos y existe cierto sino que nos hace siempre pagar el mal que hemos hecho, en el largo plazo, toda persona sufre el castigo de sus malas acciones. La persona que recuerde esto ni se enfadará con nadie, ni se indignará con nadie, no humillará a nadie, no culpará a nadie, no ofenderá a nadie, no odiará a nadie.

Debemos pensar que si hubiésemos heredado las mismas características físicas, mentales y emocionales que nuestros enemigos y si la vida hubiese sido para nosotros lo mismo que para ellos, actuaríamos exactamente como ellos actúan. Sería imposible que hiciéramos otra cosa. El saberlo todo es comprenderlo todo y esto no deja sitio para juzgar y condenar, es una frase famosa que ha perdurado al paso del tiempo. Por tanto, en lugar de odiar a nuestros enemigos, compadezcámoslos y demos gracias por ser distintos de lo que son. En lugar de pagar con la misma moneda a nuestros enemigos, procurémosles nuestra comprensión, nuestra simpatía, nuestra ayuda y nuestro perdón.

Mi educación religiosa con los Legionarios de Cristo, y el provenir de una familia caritativa me fijó una idea desde pequeño y no la he perdido hasta ahora: "mientras el hombre tenga ideales debemos entender a nuestros enemigos y a los que maldicen de la vida". Confucio dijo que "un hombre enfadado está siempre lleno de veneno". Hay hombres tan llenos de veneno que sinceramente debemos compadecerlos y no dejarnos afectar por sus acciones.

Theodore Dreiser calificó a todas las religiones de cuentos de hadas y consideró la vida como un cuento narrado por un idiota, lleno de ruido y furor, sin significado alguno. Sin embargo, Dreiser propugnó el gran principio de servir a los demás. Dijo que: "Si (el hombre) ha de extraer algo de alegría de su paso, debe pensar en hacer las cosas mejores, no solamente para sí, sino también para los demás, ya que su propia alegría depende de su alegría en los demás y de la de los demás en él."

Si hemos de "hacer las cosas mejores para los demás", hagámoslo pronto. El tiempo pasa. "Pasaré por este camino sólo una vez. Por tanto, cualquier bien que pueda hacer o cualquier afecto que pueda mostrar debe ser para hoy. No debo posponerlo o descuidarlo, porque no pasaré de nuevo por este camino."

Por tanto, si quiere usted eliminar la preocupación y cultivar la paz y la felicidad, olvídese de *sí* mismo interesándose en los demás. Haga *cada* día una buena acción que *provoque una* sonrisa de alegría en el *rostro* de alguien.

Marco Aurelio escribió: "Voy a verme hoy con personas que hablan demasiado, que son egoístas y desagradecidas. Pero no me sorprenderé ni molestaré, porque no me imagino un mundo sin personas así".

Esto es lógico, ¿no es así? Si usted y yo vamos por ahí gruñendo contra la ingratitud, ¿a quién cabe culpar? ¿Es esto naturaleza humana o ignorancia de la naturaleza humana? No esperemos gratitud. Después, si en un momento dado la conseguimos, será una sorpresa deliciosa. Si no la conseguimos, no sentiremos molestia alguna. He aquí el primer principio que trato de recalcar: **es natural que las personas se olviden del agradecimiento; por tanto, si damos gratitud, desecharemos muchos pesares.**

Hasta el Rey Lear de Shakespeare exclamó: "¡Cuánto más duro que el diente de una serpiente es tener un hijo desagradecido!" Pero ¿por qué tienen que ser los hijos agradecidos, si no les educamos para serlo? La ingratitud es tan natural como la cizaña. La gratitud es como una rosa. Tiene que ser cultivada, regada, amada y protegida.

El único elemento para ser *feliz es no esper*ar gratitud, sino dar por el placer de dar. La gratitud *es un rasgo* que debe *ser* "cultivado"; por *tanto, si* queremos que nuestros *hijos* sean *agradecidos,* debemos enseñarles a *serlo.*

Aproximadamente un noventa por ciento de las cosas de nuestras vidas están bien y un diez por ciento mal. Si queremos ser felices, todo lo que debemos hacer es concentrarnos en el noventa por ciento que está bien y pasar por alto el diez por ciento restante. Si queremos estar preocupados y amargados y acabar con úlceras de estómago, todo lo que debemos hacer es concentrarnos en el diez por ciento que está mal y pasar por alto lo demás.

Las palabras "Think and Thank" ("Piensa y Agradece") se hallan inscritas en muchas iglesias de Inglaterra. Son palabras que también deberían ser inscritas en nuestros corazones. Deberíamos pensar en todo lo que merece nuestro agradecimiento y dar gracias a Dios por todas nuestras abundancias y prosperidades.

E. El ser humano completo vive en busca de sí mismo.

Tratar de llegar a ser un ser humano completo implica necesariamente la capacidad reflexiva y la voluntad de analizarse, de llegar al fondo de uno mismo para reacomodar aquellos aspectos que deberán modificarse para lograr un equilibrio en la vida. Para ello es necesario lograr la introspección.

Mire a su interior. Procure conseguir un primer plano de la imagen que tiene de sí mismo. ¿Cómo ha conseguido tener esta imagen? Seguramente no podrá reproducirla ni al óleo, ni al carbón, o a lápiz. Pero si es necesario, puede describirla. Y, en ciertas ocasiones tiene que hacerlo. Suponga que alguien le pregunta qué espera de la vida. Después de darle vueltas a la idea, la compara con el "concepto" que tiene de ella para conseguir la respuesta.

Este problema de querer ser uno mismo es "viejo como la historia y tan universal como la vida humana". Y este problema de no estar dispuesto a ser uno mismo es la fuente oculta de infinidad de neurosis, psicosis y complejos. Nadie es tan desgraciado como el que aspira a ser alguien y algo distinto de la persona que es en cuerpo y en alma. El ansia de ser algo que no se es, o alguien que no pude ser se manifiesta de modo muy acentuado en las organizaciones de hoy, actualmente el mayor problema que se tiene con los trabajadores es crear un ambiente en el cual se sientan seguros para que puedan ser ellos mismos. Todos quieren ser algo a alguien diferente de lo que se es. Debe aplicarse en el mundo de los negocios el mismo principio que en el mundo del cine. No se va a ninguna parte con el espíritu de imitación. No se puede ser un papagayo. El error más grave que cometen las personas en el trabajo es no ser ellas mismas. En lugar de dejar las cosas al natural y ser completamente francas, frecuentemente tratan de ser lo que los demás esperan de ellos. Pero esto no da resultados, porque nadie quiere una grabadora. Nadie quiere nunca moneda falsa.

> "El concepto que usted tiene de sí mismo es la imagen total que usted tiene de sí mismo. Incluye, entre otras cosas, qué consideración la merece su cuerpo físico, la opinión que le merece su manera de relacionarse con los demás, lo inteligente que creé que es, etc. Cada ser humano nace como algo nuevo, como algo que jamás existió antes. Nace con todo lo que necesita para ganar en la vida. Cada persona tiene su manera de ver, oír, tocar, saborear y pensar por sí mismo. Cada uno tiene sus propios potenciales; sus capacidades y limitaciones. Cada uno puede ser una persona importante, pensadora, consciente y creadoramente productiva; es decir, un ganador".

> Muriell James y Dorothy Jongeward,
> en Nacidos para Triunfar.

¿Qué desea conseguir en la vida? Si sus sentimientos sobre sí mismo son fuertes y positivos, es muy posible que responda diciendo que quiere (y se merece) un buen matrimonio o unas relaciones amorosas positivas, el sentirse libre, un buen trabajo; etc. lo que considere que es el bien más preciado para usted. Por el contrario, si tiene un concepto de sí mismo inferior, negativo, o muy pobremente desarrollado, es muy posible que espere conseguir muy pocas cosas. Puede que se sienta satisfecho con un segundo o tercer lugar, por ejemplo, esperando conseguir algún tipo de trabajo o deseando encontrar a alguien que se preocupe un poco de usted. No se atreve a esperar que pueda elegir el trabajo que le interesa o la persona que realmente ama.

El desarrollo del concepto de sí mismo es un proceso continuo. Por lo que los científicos saben, un recién nacido no es consciente de su "yo" o de su "ego". Un recién nacido pasa la mayoría del tiempo durmiendo. Se despierta cuando su cuerpo le indica que necesita alimento: normalmente, una vez que se ha alimentado vuelve a dormirse. Parece que tan sólo es consciente de sus propias necesidades e incomodidades; pero no necesariamente de sí mismo como un ser independiente.

Durante los primeros meses de su vida, el niño comienza a identificar a su propio cuerpo. Lentamente comienza a ser consciente de las diferencias existentes entre la persona que lo coge en brazos y él mismo. Si tiene la oportunidad, observe a un niño mientras vive este proceso de descubrimientos. Cuando está echado en su cuna, sin ninguna diversión exterior, sus manos lo fascinan. Juega con ellas, se las introduce en la boca, las junta y las separa. Cuando es amamantado, acaricia con sus manos a su madre hasta llegar a tocarle la cara. Estas sensaciones gemelas, es decir, el tocarse a sí mismo y el tocar a otra persona, ayudan a que el niño sea consciente de los límites de su propio cuerpo. La imagen que comienza a formarse persiste fuertemente durante toda la vida de la persona. Así es como sabe dónde se encuentra su ceja derecha o su oreja izquierda y puede rascársela cuando se encuentra en un teatro oscuro donde no puede ver nada.

Esta imagen corporal y la manera como los padres satisfacen las necesidades del niño constituyen el comienzo del concepto que tendrá de sí mismo. Cuando un niño llora le está diciendo al mundo, de la única manera que sabe, que le pasa algo. Si los padres responden con ayuda y simpatía, el niño comienza a desarrollar sentimientos de confianza. Pero suponga que cuando el niño llora, no acude nadie para alimentarlo ni para consolarlo. Si ello ocurre el suficiente número de veces, puede dejarlo marcado para siempre. Y entonces es muy posible que el niño "aprenda" demasiado pronto que no puede esperar ayuda o simpatía de nadie, y también puede llegar a la conclusión, "No merezco que me ayuden!".

Cuando la madre (o el padre) sostiene al niño mientras lo alimenta, éste siente el calor de la persona que lo tiene en sus brazos. Los psicólogos creen que esta cálida sensación es el principio de la habilidad que el niño desarrollará para amar. El hecho de ser abrazado es importantísimo para el posterior desarrollo del niño. Nadie ha experimentado con niños para saber qué ocurriría si deliberadamente nadie lo abrazase nunca. Pero si sabemos que si un mono joven es privado de todo contacto con una "figura materna" (aunque esta sea de trapo), éste se convierte en un adulto ansioso, introvertido o inadaptado sexualmente.

Personalmente podemos sospechar que ocurriría lo mismo con un niño humano. Algunas veces, los psicólogos se encuentran con un niño que se ha visto privado de cualquier experiencia materna. Jamás nadie lo abrazó, ni lo tocó, ni le mostraron amor, aunque es evidente que satisficieron sus necesidades alimenticias ya que de lo contrario no seguirá con vida. Tales niños se muestran tan ansiosos e introvertidos como los monos privados de sus madres.

De hecho, algunos niños que no han sido abrazados o tocados muestran signos evidentes de retraso. Es muy posible que incluso algunos mueran. "¡Me muero de ganas de que me toque¡" puede ser una exageración de una adolescente hablando de su novio, pero quizá no lo sea con relación a un niño que se está desarrollando. Afortunadamente, la mayoría de los humanos tienen la fortaleza y la capacidad necesaria para superarlo. Si un niño que ha sido privado de todo contacto humano recibe los cálidos y buenos cuidados de un padre substituto, normalmente sus condiciones pueden ser invertidas. Con el tiempo, aprenderá a vivir, a responder, y, en breve, aprenderá a ser humano.

En la búsqueda de sí misma, Barbara Streisand tuvo que aprender esta lección de un modo muy duro. Quería ser una cantante y actriz. Pero su nariz era su desdicha y su perfil no era lo mejor proporcionado. Cuando cantó por primera vez en público trató de ocultar sus defectos e hizo el ridículo. Iba directamente al fracaso. En aquel club nocturno un hombre oyó cantar a la joven y dijo que allí había talento. De modo liso y llano encaró a la joven y le dijo: "He estado observando su actuación y me doy cuenta de lo que trata de ocultar. *¿Qué le importa? ¡¿Es un crimen acaso tener nariz grande?! ¡No trate de ocultarlo! No se avergüence. Streisand aceptó el consejo y se olvidó de su*

45

nariz. Si se hubiera operado no sería lo que es hoy. Se había encontrado a sí misma.

Muchas veces por estar pensando en nuestros defectos descuidamos el enorme potencial que tenemos. Comparados con lo que deberíamos ser, estamos sólo despiertos a medias. Para hablar en un sentido amplio, diremos que el individuo humano vive muy lejos de sus límites. Posee facultades de diversa índole que generalmente no utiliza. Todos tenemos esas facultades, por lo que no debemos preocuparnos a causa de no ser como otros. Cada uno es algo nuevo en el mundo. Nunca antes, desde los comienzos del tiempo, ha habido nadie exactamente como otra persona y nunca lo habrá después, a través de todas las épocas por venir, habrá nadie en el que usted se repita.

Charlie Chaplin, y millones más tuvieron que aprender la lección que se desarrolla en este capítulo. Tuvieron que aprenderla a mucho costo. Cuando Charlie Chaplin comenzó a hacer películas, el director insistió en que imitara a un popular comediante alemán de la época. Charlie Chaplin no llegó a ninguna parte. Cuando fue original como él era, llegó el triunfo.

Emerson lo dijo muy claro "Llega un momento en la educación de todo hombre en que se llega a la convicción de que la envidia es ignorancia; de que la imitación es un suicidio; de que el hombre debe tomarse a sí mismo, para bien o para mal, como a su parte; de que, aunque el vasto universo está lleno de riquezas, ningún grano nutritivo puede llegar hasta uno si no es a través del trabajo en la parcela de tierra que le ha sido asignada. El poder que reside en cada hombre es de naturaleza nueva y sólo él sabe lo que puede hacer y, por otra parte, sólo puede saberlo cuando lo haya intentado."

Hay un proverbio escandinavo que algunos de nosotros deberíamos adoptar como grito de combate para nuestras vidas: "El viento norte hace a los Vikingos". ¿De dónde sacamos la idea de que la vida segura y agradable, la ausencia de dificultades y la comodidad de la holgura hicieron a las personas buenas o felices? Por el contrario, las personas que se compadecen continúan compadeciéndose incluso cuando están entre blandos almohadones, *y,* en cambio, la fuerza de carácter y la felicidad han ido siempre en la historia a personas en toda clase de circunstancias, buenas, malas o indiferentes, que han tomado sobre los hombros su responsabilidad personal. Así, repetidamente, el viento del norte ha hecho a los Vikingos.

Supongamos que estamos tan desalentados que juzgamos que no hay la menor esperanza de que podamos alguna vez convertir nuestros limones en limonada. He aquí dos razones de que deberíamos intentarlo, de todos modos; dos razones de que tenemos todo que ganar y nada que perder.

Primera razón: Podemos triunfar. Segunda razón: Aunque no triunfemos, el mero intento de convertir nuestro menos en más hará que miremos hacia adelante y no hacia atrás; esto reemplazará nuestros pensamientos negativos por pensamientos positivos; esto pondrá en libertad energía creadora y nos impulsará a ocuparnos de tal modo que no tendremos tiempo ni inclinación para llorar sobre lo pasado y que se fue para siempre. Esto no es sólo la vida. Es más que la vida. ¡Es la vida triunfal!

La cosa más importante de la vida no es capitalizar las ventajas que tenemos. Cualquier tonto puede hacer esto. Lo que verdaderamente importa es beneficiarse con las pérdidas. Esto exige inteligencia y señala la diferencia entre un hombre de juicio y un necio. Por lo tanto, para cultivar una actividad mental que nos procure la paz y la felicidad cuando el destino nos entregue un limón, tratemos de convertirlo en limonada.

F. El ser humano completo tiene el dominio sobre su vida afectiva.

En la *vida efectiva* de sentimientos y emociones, la moderación de nuestros abuelos, aquellas sanas actividades, prácticas e interacciones verdaderas de la vida de familia van cediendo lugar a multitud de impresiones anormales, o sin cohesión, a excitaciones precoces o brutales, a temores o deseos exaltados, que se graban o se exageran o se transfieren a objetos indebidos, dando origen a variadísimas fobias, obsesiones, angustia, preocupaciones, tristezas y frustraciones.

En la vida volitiva de deseos y decisiones, están desapareciendo ya las personas con valores y normas fijas a qué atenerse, esos caracteres que saben encarar la vida y superar sus dificultades, por el contrario, están dando paso a la formación de personas sin principios, sin fuerza de voluntad, hombres y aun jóvenes derrotados que llegan hasta el suicidio. O bien, es una multiplicidad de impulsos incoherentes o de deseos inmoderados, procedentes de las excitaciones externas o del instinto desenfrenado, que eliminan la decisión deliberada, gobernada por la razón y van produciendo la indecisión, la abulia, la inconstancia y el desaliento, hasta que el "Yo consciente y superior" deja de ejercer el control sobre el "Yo bajo e inconsciente", y la voluntad pierde las riendas para gobernar su mundo psíquico.

Vida agitada y bulliciosa, divertida si se quiere, pero triste, vacía, desaprovechada, atormentada, anárquica. Vida en que no se sabe descansar reposadamente, ni trabajar eficientemente, ni querer de verdad, ni dominar los sentimientos y el instinto sexual. Vida, en fin, en que no se sabe ser íntimamente feliz, sino a lo sumo se encubre la tristeza y vacío en un montón de diversiones y pasatiempos.

"Encontré mi propia vida", es la frase que repiten muchas jóvenes de la alta sociedad de Sao Paulo, México, Argentina, Estados Unidos, etc. internadas en sanatorios para tuberculosos, SIDA o para drogadictos. "Hasta aquí no sabía lo que era pensar, sentir y querer por cuenta propia. Viví vida ajena, esclava de las conveniencias sociales. Por fin, en esta soledad e impotencia física, me encontré a mí misma y comienzo a ser íntimamente feliz".

Reconozcamos que las emociones nos dominan con frecuencia. "Soy muy nervioso, muy sensible, tengo demasiado corazón", dicen algunos para justificar sus faltas. "tengo poco dominio de mis pensamientos y sentimientos", deberían decir.

Gobernar los sentimientos requiere eliminar los actos y las ideas, pues la idea precede e inclina al acto; y los actos y las ideas modifican los sentimientos. Los sentimientos son una fuerza anárquica, como el vapor de la locomotora. Nuestras ideas y nuestra voluntad son el maquinista que los utiliza y dirige. Necesitamos controlar bien nuestras ideas. Pero, cuántos hay que no saben lo que piensan, o que no piensan lo que quieren, dominados como están por continuas distracciones, en el estudio, durante el trabajo. ¡Cuánto cansancio innecesario! Cuántas energías perdidas por falta de unidad psíquica. Y podrían ser grandes genios, inventores, artistas, santos, si aprendiesen a concentrar sus fuerzas intelectivas y volitivas en un ideal.

¡Cuántas personas quieren, o les parece que quieren! Pero no ejecutan sus propósitos, porque de hecho no tuvieron actos verdaderamente volitivos: no saben utilizar esa fuerza sublime, inmensa, que llamamos "voluntad".

¡Cuántos no saben ser felices, ni siquiera en el grado más bajo y fundamental, gozando por lo menos del descanso psíquico en el sueño sereno, o en las sensaciones conscientes, tranquilas y perfectas, que nos ponen en comunicación y en posesión de la bondad y belleza objetiva de la creación¡. Es necesario reeducar nuestra receptividad, esforzándonos por tener sensaciones y actos conscientes y voluntarios, con el consiguiente descanso y paz. Luego conseguiremos el dominio de nuestros pensamientos de cosas sensibles o espirituales, concretas o abstractas, hasta llegar a pensar cuando queramos y en lo que queramos, y a desviar la atención de lo que nos molesta o perjudica, reeducando para ello la permisividad intelectual.

Finalmente, pudiendo pensar clara y libremente en la acción que proyectamos y en los motivos o bienes que con ella pretendemos, podremos quererla de veras y pasar libre y fácilmente a su ejecución, aun bajo la repugnancia o el temor subconsciente. Podremos modificar y controlar nuestros sentimientos, y emociones y conseguiremos ser hombres racionales, dueños de nosotros mismos, y no esclavos de pensamientos o de impulsos irracionales.

G. El ser humano completo es consciente del lazo común que lo une a otras personas

La empatía se construye sobre la conciencia de uno mismo; cuanto más abiertos estamos a nuestras propias emociones, más hábiles seremos para interpretar los sentimientos. Toda compenetración, la raíz del interés por alguien, surge de la sintonía emocional, de la capacidad de empatía, esa capacidad (la habilidad de saber lo que siente el otro) entra en juego en una amplia gama de situaciones de la vida, desde las ventas y la administración hasta el idilio y la paternidad, pasando por la compasión y la actividad política.

De todos los momentos de la vida, los más críticos son aquellos que hacen que un niño sepa que sus emociones son recibidas con empatía, aceptadas y correspondidas, en un proceso que se llama sintonía. Hacer el amor es quizá la actividad de la vida adulta que más se parece a la sintonía íntima que existe entre la madre y el niño. El acto amoroso es, en el mejor de los casos, un acto de empatía mutua; en el peor carece de esa correspondencia emocional. La ausencia prolongada de sintonía entre padres e hijos supone un enorme prejuicio para estos últimos.

Diversas teorías del psicoanálisis consideran la relación terapéutica como una relación que proporciona un correctivo emocional, como una experiencia reparadora de la sintonía. "Reflejo es el término utilizado para la respuesta comprensiva que el terapeuta ofrece al paciente con respecto a su estado interior, como haría una madre que está en sintonía con su hijo. La sincronización emocional es la conciencia externa y no expresada aunque el paciente puede disfrutar con la sensación de que es profundamente reconocido y comprendido".

En la medida que desarrolla la empatía, el Ser Humano Completo sabe que es igual que los otros individuos, ya que también tiene unas necesidades físicas y emocionales que debe expresar y satisfacer. Busca el lazo común en todas las experiencias humanas. Es consciente de que las diferencias marcadas por la nacionalidad, la riqueza o la religión son artificialmente impuestas y menos importantes que las similitudes que se encuentran en la humanidad.

El respeto a la dignidad de las personas debe darse independientemente del puesto, título o la riqueza que posea. Como persona tienen igual valor, y merece respeto a su dignidad, un barrendero que un importante industrial, por el hecho simple de que ambos son seres humanos.

H. El ser humano completo sabe que es totalmente responsable de su propia existencia.

No existe la suerte o el destino escrito. Cada quien día a día se labra su destino. La persona en lo individual es quien decide la persona que será. No busca que ningún sistema o autoridad externa le proporcione el significado de su vida. Es muy posible que en ciertas ocasiones, se sirva del alcohol o de las drogas para escapar de la realidad, pero también se da cuenta de que reducen su habilidad para ser totalmente responsable de sus propias decisiones. Está consciente de que en el éxito o fracaso en la vida no está presente la suerte. Él es el único responsable y no culpa ni a la suerte ni a los demás de lo que ha llegado a ser y a hacer en la vida.

I. El ser humano completo es consciente de su entorno y lo aprecia en toda su intensidad.

La receptividad es un estado activo y consciente a lo que se recibe, y pasivo a todo lo demás. Tener conciencia de un acto no es pensar en él, sino sentirlo. Recibir sensaciones conscientes comprende no solamente la simple excitación de los sentidos por el ruido, color, dureza, etc., y la consiguiente transmisión de las corrientes nerviosas hasta los centros cerebrales, sino también la vivificación de las sensaciones, la conciencia clara de las mismas y el dejarlas archivadas en la memoria. El darse cuenta, el ser consciente de algo externo al Yo, de un acto, de un objeto real, no supone esfuerzo alguno ni interpretación propia o ajena del objeto o acto. Es un recibir inmediato, un acoger espontáneo, libre de todo pensamiento y emoción.

Tales sensaciones, de fuera para adentro, no frustradas por la distracción, ni alteradas por pensamientos o razonamientos subjetivos, son tonificadoras del cerebro y del sistema nervioso;

producen paz, alegría, tranquilidad y reposo. Es el mundo objetivo que entra en nosotros y nos enriquece con todas sus bellezas.

Si sabes recibirlo en tu interior, te alegrará y apaciguará el azul del cielo, la paz de la noche estrellada, la hermosura y variedad de las flores, la frescura del aura matinal, el susurro de la fuente, el silbido del viento, el verdor de los campos, el trinar de los pájaros, y los cantos de los niños inocentes.

Muchas personas rara vez tienen sensaciones nítidas. Viven en su mundo subjetivo triste e irreal. Salen poco al mundo exterior, hermoso y alegre, y cuando salen, modifican sus sensaciones con pensamientos extraños, subjetivos, exagerados. Procuremos aplicar la vista por uno o varios segundos a un paisaje, a un objeto, a un color, a un detalle, con atención tranquila, casi pasiva, sin prisas, sin fijar el pensamiento en otra cosa. Dejar que el objeto penetre dentro de ti, a lo más íntimo de tu ser, al centro de tu conciencia. Dejar que entre tal cual es, sin esfuerzo, sin modificaciones subjetivas. Tendrás que saber esperar, a veces, a que la sensación llegue a ti. Hay que mirar, no rebuscar. Ver sin decirte nada, sin examinarte cómo lo haces (esto lo harás después). Imita al niño de pocos años, que sólo recibe. Se da cuenta del hecho o del objeto, pero no discurre sobre sus causas o efectos. Para eso conserva tus ojos blandos, y con frecuente parpadeo, tendiendo a la sonrisa. Tras una pequeña pausa, en que los podrás cerrar suavemente y respirar con más soltura, enfoca otro objeto o detalle.

Después de algunos titubeos y fracasos, lo que no tiene que desanimarte, de repente descubrirás que has acertado, que una sensación entró en ti por un instante, sin haber tenido que esforzarte y sin haber pensado en nada mientras la recibías. Pronto llegará esto a serte agradable y te dará la impresión de verdadero descanso.

También te convencerás del poder de la sensación para frenar cualquier otra idea, sea de desagrado, preocupación o tristeza; pues mientras recibías la sensación exterior, pararon en ti esas ideas.

Sensaciones auditivas

Aplica tu *oído* a un sonido próximo o lejano, también por uno o pocos segundos. Déjate penetrar por las ondas sonoras, con naturalidad, sin discurrir sobre el hecho, ni sobre su causa. Sé un *mero receptor del ruido, y* percíbelo con placer y descanso. Para hacerlo mejor, ayudaría el cerrar suavemente los ojos.

No analices ni te juzgues, ni pienses en el camión, persona u objeto de donde viene el ruido. Aquí también lo importante es que estés plenamente relajado, confiando en tu oído y con la paciencia para esperar a que el sonido llegue a ti. Normalmente el mundo exterior debe llegar a nosotros sin que tengamos que ponernos tensos para recibirlo.

El día en que te acostumbres a dejar entrar en ti los ruidos exteriores, sin tratar de protegerte contra ellos; cuando renuncies a estar a la defensiva y los aceptes siendo mero receptor, caerás en la cuenta de que hay muy pocos ruidos que te puedan molestar.

Sensaciones del tacto

Tu mano está sobre la mesa o agarra algo. Recoge esa sensación del contacto de tu piel con el objeto. Lo difícil al principio es no pensar en el objeto, sino sólo sentir algo en los dedos, darse cuenta de esa sensación. Si me digo: "Está frío, es duro, es un lápiz", no hice bien el ejercicio. Me di a interpretar, cuando solo tenía que percibir sencillamente una sensación.

Esta toma de conciencia es un fenómeno que tiene que efectuarse en los dedos o en la parte del cuerpo que se pone en contacto con los objetos: pie y suelo, espalda y respaldo, etc., etc. No te extrañes si, al principio experimentas gran dificultad y no sientes nada. La atención táctil está poco desarrollada en el hombre moderno, incluso a veces puede estar completamente inhibida. Con todo, al recuperarla o encontrarla te habrás enriquecido con uno de los mejores medios para distenderte y descansar cuando lo desees.

Sensaciones de movimiento

Muchos se mueven como autómatas y, aun sin tener enfermedad orgánica, sólo sienten su cuerpo en la fatiga y dolor. La experiencia enseña, que, quien llega a sentir de nuevo las sensaciones normales que vienen del cuerpo, acaba pronto con los síntomas de cansancio. Siéntate cómodamente en un sofá y abandónate enteramente. Siente que tus brazos se relajan, que todos tus músculos se aflojan... brazos, piernas, espalda, cuello, rostro. Te asombrarás al notar cuan tenso estabas sin saberlo, y cuan necesaria es a veces una suave pero obstinada paciencia para conseguir una relajación general y completa. Después, cuando hayas aprendido a producir esta relajación, podrás también fijarte en los músculos de la respiración. Siente el diafragma (vientre) y el tórax (pecho) que se dilatan y vuelven por sí mismos a la posición normal. Sólo por unos segundos.

Actos conscientes

Los ejercicios de receptividad visual, auditiva, táctil, se pueden después aplicar a la vida ordinaria: hacer conscientemente algo de lo que antes hacíamos sin darnos cuenta. Oír el agua que fluye en el lavabo o en la ducha. Sentir las medias o calcetines en las piernas, los zapatos en los pies. En tus manos siente el asidero del cajón o de la puerta, cuando los abres o cierras, o la barandilla de la escalera. Cuando salga sienta el viento en el rostro, los pasos que va dando, la propia respiración, el aire que entra, el pecho que se llena, etc., etc. Haga con paz algo de esto.

El ideal sería sentirlo todo; ser mero receptor mientras no se necesite pensar. Pero esto implicaría para algunos, esfuerzo, tensión, tal vez obsesión, sobre todo en los principios. Lo que sería convertir la medicina en veneno. Seamos, pues, realistas. Cuando no tengas que pensar, discurrir, proyectar, leer, etc., aprovecha esos ratos libres para sentir algo.

La primera sensación percibida será la más consciente. Cuida al mismo tiempo de que los músculos de la frente y de los ojos estén sueltos y relajados, pues cuando hay tensión neuro-muscular, fácilmente habrá también tensión síquica y, con ella, falta de paz en las sensaciones; y al revés: si los músculos se aflojan, también el espíritu tiende a aliviarse.

Ejercítate en estas sensaciones varias veces por la mañana y por la tarde, por ejemplo, en tres o cinco ocasiones, distintas, empleando en ello dos o tres minutos cada vez, recibiendo tres o más sensaciones por cada sentido. Realiza en lo posible el "haz lo que haces", es decir, que te des cuenta nítida de lo que estás haciendo.

El pensar inconscientemente tiende a ser impreciso, atropellado y obsesionante. "Nos bulle el cerebro", repiten a menudo los nerviosos. Cuanto más lo vayan frenando por estas paradas mediante las sensaciones y actos voluntarios conscientes, tanto más tranquilas, nítidas y normales serán sus ideas, pues reflejarán más el mundo exterior. Su facultad de mirar a ese mundo exterior, se desarrollará más y más, y sentirán mejor la impresión de "realidad" que antes les faltaba.

J. El ser humano completo no demanda la perfección sino que intenta realizar su propio potencial

No somos máquinas perfectas. Los errores nos sirven para perfeccionarnos. Reconoce que seguramente cometerás errores y acéptalo de igual modo que aceptas tu habilidad para triunfar. Pero no debemos servirnos ni de los éxitos ni de los fracasos para probar que se es superior o inferior a los demás. La única competencia en el establecimiento de sus metas y objetivos somos nosotros mismos. Cada día pregúntate como ser mejor como persona y los fracasos tómalos solo como experiencias que te servirán para el futuro.

K. El ser humano completo considera que los seres humanos están por encima de los bienes materiales

En una sociedad y en una época donde el materialismo es la guía debemos rechazar cualquier sistema de valores que sitúe la acumulación de bienes materiales en un lugar más elevado que el bienestar de los seres humanos. Estar plenamente convencido de que los derechos humanos son mucho más importantes que los derechos materiales. En una sociedad que pregona y enseña que las personas valen lo que tienen, él, el ser humano completo, sabe que el prestigio más importante no se deriva de la riqueza que acumule sino de lo que se es como persona. Mientras los demás luchan por el bienestar, él canaliza sus esfuerzos a lograr el bienser.

L. El ser humano completo reconoce que tiene capacidad para el goce y el placer.

Sería muy triste pensar que venimos a este mundo a sufrir. La realidad es lo contrario, el ser humano completo considera que es necesario disfrutar en la vida. No le teme al placer y pretende compartirlo con los demás. Es consciente que debe existir un equilibrio entre la seriedad y la diversión. Puede mostrarse infantil y abierto para poder disfrutar plenamente de la vida. Considera que sería absurdo que viniéramos a esta vida únicamente a sufrir y luchar por sobrevivir, por ello trata que cada día sea el más importante de su vida y cada momento lo vive con toda la intensidad posible. Necesitamos darnos el "lujo" de dejarnos llevar por aquellos placeres que hacen de nuestra vida algo maravilloso. Aunque debemos tomar en cuenta los resultados o costos de esos placeres y aceptarlos.

M. El ser humano completo intenta mostrarse natural y abierto en las relaciones que mantiene con los demás

Existen las reglas de demostración para el consenso social acerca de qué sentimientos puedan mostrarse adecuadamente y cuándo. Existen varias clases básicas de reglas de demostración. Una es minimizar las muestras de emoción: esta es la norma japonesa para los sentimientos de aflicción en presencia de alguien con autoridad. Una es exagerar lo que uno siente magnificando la expresión emocional. La tercera es remplazar un sentimiento por otro.

Las demostraciones emocionales, por supuesto, tienen consecuencias inmediatas en el impacto que producen en las personas que las recibe. La inteligencia emocional incluye el manejo del intercambio, popular y encantador, que son términos que utilizamos para referirnos a la persona con la que nos gusta estar porque sus habilidades emocionales nos ayuda a sentirnos bien. Cuando dos personas interactúan, la dirección en la que se transmite el estado de ánimo es del que es más enérgico para expresar sus sentimientos al que es más pasivo. Fijar el tono emocional de una interacción es, en cierto sentido, una señal de dominio en un nivel íntimo y profundo: significa guiar el estado emocional de la otra persona. Las cuatro capacidades que son identificadas como componentes de la inteligencia interpersonal:

La organización de grupos: esta habilidad incluye esfuerzos iniciadores y coordinadores de una red de personas.

Negociación de soluciones: es el talento del mediador, que previene conflictos o resuelve aquellos que han estallado.

Conexión personal: hace que resulte fácil participar en un encuentro o reconocer y responder adecuadamente a los sentimientos y las preocupaciones de las personas... es el arte de las relaciones.

Análisis social: supone ser capaz de detectar y mostrar comprensión con respecto a los sentimientos los motivos y las preocupaciones de las personas.

Estas habilidades en conjunto son la materia del refinamiento interpersonal, los ingredientes necesarios del encanto, del éxito social, e incluso del carisma. Sin embargo, si estas habilidades interpersonales no están equilibradas por un astuto sentido de las propias necesidades y sentimientos y cómo satisfacerlos, pueden conducir a un éxito social vacío, una popularidad ganada a costa de la verdadera satisfacción propia. Una pauta más saludable, para encontrar el equilibrio, es ser fiel a uno mismo con las habilidades sociales, usándolas con integridad. Una vez desarrolladas estas habilidades, debemos estar dispuestos a aceptar los riesgos que implican las reacciones a las abiertas expresiones de los sentimientos. Mostrarse abierto y auténtico, no con la idea de manipular o controlar, sino para compartir el conocimiento que tiene de sí mismo con los demás.

N. El ser humano completo busca la verdadera felicidad.

En el palacio de la pseudofelicidad, o de la dicha aparente, se nos presentan en la fachada placeres, riquezas, diversiones, etc. Sin embargo, la felicidad no está ahí. Del interior salen continuamente estas voces: "Vacío, intranquilidad, hastío". La riqueza no satisface; no llena a esa cantidad de millonarios que se suicidan en el mundo año tras año. Tampoco llena el placer, confundido con la felicidad. Muchos, por identificarlos, se entregan al vicio, pero encuentran abyección, hastío, enfermedad, remordimiento y muerte prematura. Tampoco nos llenan las diversiones inmoderadas.

Cuántos jóvenes y personas maduras sienten el vacío de una vida sin ideal y se contentan con encubrirlo en un cúmulo de diversiones, o lo quieren ahogar con la risa chocarrera o la agitación desenfrenada. Nunca serán felices por ese camino. Felicidad es *densidad* de existencia o de vida.

En el grado más bajo está la inclinación que se reduce a saciar los instintos corporales. Subiendo más alto viene la del hombre, que, además de cuerpo, tiene alma con capacidad de percibir, poseer y aumentar la belleza, la verdad y la bondad. Densidad de existencia estética, intelectiva, afectiva y creadora, que puede crecer en altura, profundidad y extensión y que es incomparablemente mayor. El hombre tiene posibilidades de realización y de gozo, en cierto modo, divino. Lo sabemos sólo por la fe, y lo sentimos en momentos de fervor. Vida que, en la eternidad, tendrá una densidad de existencia rayana en lo divino.

El conocer, amar, realizar y gozar. ¿Será grandeza el despreciar la felicidad de esta vida? Hay quien desprecia este tema por parecerle imposible su consecución. Ignora lo que puede su espíritu y su elevación sobrenatural. Se siente incapaz de ella. Despreciar la felicidad falsa, la del egoísta, la del éxito aparente, la del que, tras una fachada de contento, está ocultando un alma insatisfecha, eso sí sería grandeza (hasta cierto punto). Pero desdeñar la felicidad verdadera es una trágica grandeza. Conquistarla por el heroísmo es la verdadera grandeza; como cuando de lo profundo del fracaso se hace brotar el éxito espiritual.

La felicidad verdadera. Es una "Señora noble, altruista, tranquila y recogida, que mora en el interior del castillo del alma, conociendo, aumentando, comunicando y saboreando sus tesoros. Se asoma con frecuencia al exterior por las ventanas del rostro, y lo hace engalanada con la sonrisa, vestido refulgente del ser racional, que ni los animales ni las flores más bellas pueden ostentar".

Los acontecimientos apenas la afectan. Si los insensatos sacan desesperación y tristeza de ellos, los sabios sacan de ellos mismos resignación, paz y alegría. Es que el alma feliz descubre en la base o esencia de cada ser y de cada acontecer lo que les da unidad y valor.

En esta descripción distinguimos la felicidad íntima, tranquila y profunda del hombre, basada en la satisfacción perfecta de sus tendencias más nobles, de la otra superficial, bulliciosa y vil, que no merece el nombre de felicidad. Insinuamos sus tres mecanismos psíquicos o factores anímicos: el del pensar, o darse cuenta, el del querer y el del sentir y, exponemos su complemento fisiológico, en la expresión externa, la sonrisa.

La felicidad es *noble*. No hay dicha verdadera en el vicio, abyección o placer ilícito. Tampoco se basa la dicha en riquezas, placeres o poder. Alivian temporalmente tendencias menos nobles. Pero no ofrecen a la conciencia una realidad que sacie. Muchos millonarios, sintiendo ese vacío, o agobiados de preocupaciones, han añorado los años de su juventud laboriosa. Suele encontrarse más paz y alegría entre los pobres sin miseria que entre los ricos y potentados. Nunca ha habido tanta diversión, comodidad y placer como ahora, y nunca se han quejado tantos de aburrimiento, insatisfacción interna y angustia.

La felicidad es *altruista,* juega al escondite, se oculta cuando la buscamos con egoísmo. Pero nos sale al encuentro cuando, sin mirarnos a nosotros, nos abrazamos con lo más noble: el deber, la virtud, el bien del prójimo. Un día de buscar nuestro gusto o capricho, deja un vacío profundo. Otro día de sacrificio por los seres queridos, produce plenitud de satisfacción.

La felicidad es *tranquila y recogida*. Huye de la agitación y del desorden. Se da en lo más íntimo del ser racional. Consiste en esa conciencia íntima de satisfacción plena (sobre paz imperturbable), que absorbe todo nuestro pensar y desear. La felicidad no es causada por los acontecimientos pues del mismo suceso unos sacan resignación, paz y alegría, y otros desesperación y tristeza.

La felicidad *vive conociendo, compartiendo y saboreando* sus tesoros. Aquí tenemos los tres mecanismos o factores psíquicos de la felicidad. Primer factor *mental* o de *pensamiento,* por el que conocemos y pensamos en el gran bien poseído o asegurado, y en los medios de aumentarlo. Segundo factor *volitivo-emotivo,* que posee, comparte y aumenta este tesoro por el amor, la voluntad la acción criadora. Tercer factor *afectivo-emotivo,* que lo siente y saborea.

En *el vivir* **está** la dicha, y cuanto más noble y activa sea esta vida, mayor será la felicidad. En el hombre esta vida noble y dicha verdadera - consiste en conocer los tesoros que le pueden saciar y en conseguirlos y gozarlos. Al vivir nos podemos adueñar del mundo de los colores, de las formas y de los sonidos: del mundo de la amistad y la sociedad; de la ciencia, de la belleza y del amor.

Tenemos que vivir la *belleza,* dejando que los colores, formas y sonidos entren hasta nuestra mente e impresionen nuestra afectividad. Para eso hay que recibirlos con plena conciencia. Nos darán felicidad estética. Hay que vivir la *verdad,* y cuanto mayor y más trascendental conocimiento adquiramos y con mayor claridad y menor fatiga, mayor satisfacción intelectiva tendremos.

O. El ser humano completo vive el "aquí y ahora".

Hay que vivir la *bondad* activa, amando y haciendo felices a los demás; y vivir la bondad pasiva, sintiendo el amor y bondad de los demás, volcándose sobre nosotros (plenitud afectiva). Finalmente, para los que tenemos fe, hemos de activar y aumentar la vida espiritual, que hace capaces de realizaciones y de felicidad más que humanas.

Pero nuestra vida ha de ser en el *presente* momento, que es el único que está en nuestras manos, el único en que podemos hacernos felices. El pasado ya no existe. El futuro aún no tiene existencia; hagamos del presente un momento eficiente y feliz. No será eficiente si diferimos siempre la acción pues *"repitiendo siempre "mañana" se pierde toda la vida"*. Tampoco se será feliz si no lo son nuestros pensamientos. El presente con pensamientos alegres es un camino placentero (a pesar de zarzas y espinas) que lleva a la felicidad, pero pasando por entre dos abismos: el "pasado" y el "futuro". Quien, por la tristeza, añoranza, resentimientos o escrúpulos, cae en el pasado" o se hunde por la preocupación en el "porvenir" deja de avanzar hacia su felicidad. Claro que a veces hay que prever el futuro, hay que preocuparse de él. Pero que sea tanto cuanto nos lleve a la decisión y nada más. Previa ocupación serena, sí; preocupación angustiosa, jamás. Debemos vivir el "presente" con *unidad* de pensamiento y de acción

Sobre todo debemos vivir el momento actual con *plenitud* de paz y satisfacción. Cuando el "presente" no nos da esa plenitud, como acontece con la riqueza o el poder, que sólo satisfacen aspiraciones complementarias, entonces queda tendencia y capacidad para suspirar por el "pasado" (añoranza), o soñar en el "futuro". Si el presente va creciendo en riqueza de valores hasta llenar nuestras aspiraciones más nobles, entonces, la conciencia se agotará toda, dándose cuenta y gozando de la realidad actual, que le llena, sin que se le ocurra pedir nada al pasado, o al futuro, ni le quede lugar para pensar en ellos.

La repetición o prolongación duradera de este presente lleno, sería la felicidad, limitada sí, pero verdadera y profunda que es posible poseer en esta vida, aun en medio de la Dolor. En la otra, la gozaremos cumplidísima y eterna sin posibilidad de sufrir. Eternidad feliz es la fruición perfecta y sin fin de este presente lleno.

CONCLUSIONES

El ser humano completo se educa para buscar la felicidad como objetivo primario. Los que buscan la dicha donde no se encuentra, en el vicio, vanidad o desorden, tendrán que comenzar a pensar que hacer de sus vidas por el camino del deber y de la virtud. Unos carecen de nitidez y precisión en lo que perciben por los sentidos; no se dan cuenta exacta de lo que ven o hacen; no dejan entrar en sí la paz y alegría de las sensaciones conscientes ni del placer estético. Otros, no consiguen reposo y profundidad en sus pensamientos careciendo del gozo y eficiencia que su trabajo mental ordenado les daría. A otros les domina la indecisión e inconstancia; no saben utilizar la fuerza inmensa de su voluntad. Finalmente, otros muchísimos sienten antipatías y repugnancias, atractivos e inclinaciones que les dominan o arrastran más allá del deber; o tienes tristezas, temores o disgustos exagerados; les falla su mecanismo emocional.

Pensemos en una persona que a los 25 años se describe así: con una afición insaciable a los libros, me encontré repentinamente imposibilitado de estudiar: diez minutos de lectura o de escritura bastaban para dejar en mí una sensación de fatiga, dolor, y más frecuentemente, de calor alrededor de la cabeza. Era imposible alejar esa sensación y concentrarme en otras ideas. Un tropel de pensamientos sucediéndose de modo obsesionante me oprimían sin que supiese como frenarlos; pensamientos de ordinario tristes, recordando el pasado, o angustiosos previendo desgracias para el futuro, a veces tan obsesionantes, que ni la conversación, ni los paseos, ni el trabajo conseguían apartarlos totalmente. Era un desgarrarse el alma en lo más íntimo, era como si otro "yo" se sobrepusiese al "yo" consciente. Y con el pasar de los días, desaliento, preocupaciones, sentimiento de inferioridad, indecisión; otras veces, brusco tránsito del optimismo al pesimismo, de la alegría a la tristeza, sin causa objetiva.

"El camino quedaba franco para todas las fobias, temor de aparecer en público, amagos de vértigo, escrúpulos de conciencia, etc., etc. "Poco después, el insomnio o el descanso poco reconfortante, interrumpido por sueños y pesadillas. Al levantarme me encontraba más cansado que cuando me acostaba.

"Se agravaba el mal y la tristeza por la incomprensión de los que me rodeaban: unos, al verme robusto y exteriormente bien dispuesto, diagnosticaban una enfermedad imaginaria; otros, trataban de persuadirme que hiciese lo que tan ansiosamente anhelaba, esto es, no preocuparme, distraerme, no temer, dominarme; pero no me enseñaban el modo de hacerlo. Era como si a quien sufre de tos o vómitos le aconsejasen que no tosiese ni vomitase, pero no le diesen los remedios para ello.

"Así seguí por diez años, hasta que con seis meses de ejercicios de *reeducación,* fui de tal modo venciendo todas estas dificultades, que me olvidé de que estaba enfermo, y aunque no he conseguido la misma capacidad de trabajo que antaño, me encuentro curado y satisfecho".

Mi propia experiencia. -Yo también hube de pasar por estos tristes estados. Introspección penosísima, pero útil en mi psiquismo descontrolado, realzada e iluminada primero por la ciencia y los consejos de psicólogos y de sacerdotes.

A los 25 años escribía "Cosas insulsas y estúpidas que se concatenan en una serie de hechos que hacen que la vida parezca una comedia o una obra de teatro. ¿Porque luchar por ser alguien en la vida? ¿Por quién hacerlo? ¿Vale la pena intentarlo? La vida es demasiado gris sin un objetivo. Hoy pensé en mi objetivo. Debo estar loco. Me contento con muy poco. Mi sueño es tan sólo verme realizado en un trabajo. Una familia donde exista mucho amor. No busco el éxito, tampoco el dinero. ¿Es mucho lo que pido? ¿Soy un mediocre al pensar en tan poco? Pero ¿para qué me sirve el dinero? Cuando lo tuve me sirvió para "comprar" amistades y vincularme a la "elite" donde se vive en un mundo de hipocresía, donde el vino es una puerta de escape, ¿escape de qué? Allí conocí seres débiles, con miles de flaquezas, complejos y culpas, peleles del vicio sin voluntad alguna, personalidades esquizoides que no se soportan a sí mismas. "Intenté olvidar todo viajando, sin embargo, todos los atardeceres parecían siempre los mismos. Los lugares se repetían una y otra vez en una sucesión interminable que me recordaba que quizá huía de mí mismo. Esa sucesión interminable de días y noches me atormentaba. Traté de encontrarme a mí mismo en la soledad. Y ¿qué encontré? Que tengo miedo de muchas cosas. Tengo miedo al futuro. Pero es un miedo a no ser yo mismo. A ser lo que las demás personas quieren que sea. ¿Por qué seguir el juego a la historia? Dentro de mi mundo era muy difícil amar sin reservas. La huella de la soledad estaba presente. Muchas veces me sentía enamorado, falsas ilusiones, quería amar, lo necesitaba y caía en mi propia trampa de espejismos. No podía, no era capaz de amar y yo lo buscaba desesperadamente. Así fui cayendo de un abismo a otro cada vez más profundo.

Vino la lectura y fue el puente que me permitió vincular mi mundo de fantasía con otro mundo que parecía ser más real. Ello me salvó de la locura. Hallé consuelo y desahogo a mis temores escribiendo. Pero siempre lo hice en la incomprensión y en la soledad.

"Es fácil vivir lo ha dicho alguien, si es fácil vivir cuando se es un idiota sin conciencia de su realidad o cuando se es una bestia más en el engranaje de la sociedad, un animal más que en la búsqueda del cacahuate salta al son que le toque la sociedad. ¡Fácil vivir! ¡Que mentira tan grande! Lo más difícil es vivir cuando uno quiere hacerlo de acuerdo a sus principios y normas que son diferentes a los de la sociedad. La vida se me presenta con varias alternativas más yo las veo todas grises porque debo sacrificar mi espíritu insatisfecho por algo que nunca he imaginado tener, porque soñar duele mucho, cuando se sueña despierto."

Al final, fui yo mismo. No soy rico, tengo lo necesario, pero soy yo mismo.

Esos pensamientos me han acompañado toda mi vida. Ensimismado en esos pensamientos la clave de mi madurez fue por la *reeducación y el control de mi propia vida*. Si todos pudiéramos lograrlo se tendría más salud y más felicidad. Una de las razones de este libro, es para relatar lo que se puede hacer para ser feliz, porque yo lo hice. Todo depende de como acomodamos nuestros tres yo´s.

a. El "yo real".

Su yo real es aquella parte de usted mismo que le da un sentido de singularidad como persona distinta de todas las demás. Es la parte de usted que le dice a otro ser humano, "Nunca sabrás cómo me sentí...", es decir, la parte que se pregunta si los demás seres humanos experimentan la vida de la misma manera que usted. Con frecuencia se le denomina "auto-imagen". Obviamente, la auto-imagen es diferente de la imagen que sobre mi perciben los demás.

Por regla general, el yo personal posee aspectos positivos y negativos. Todo el mundo tiene necesidad de sentir que es una persona única sin la que el mundo no estaría completo. Pero, al mismo tiempo, necesita sentir que es igual a los demás; no tan diferente como para ser considerado un proscrito. Si un individuo llega a la conclusión de que es demasiado diferente, puede desarrollar un cierto sentido de desapego o soledad. También es posible que no sea tan diferente como él cree. Pero si se ha separado de los demás, tal vez no tenga manera de descubrirlo.

Una buena manera para dejar de sentirse solo consiste en relacionarse con una persona a la que le tenga confianza para compartir con ella su imagen interior. Supongamos que me digo a mí mismo, "¡Qué raro soy! ¡Nadie siente como yo!". Pero entonces, un día, encuentro otra persona que siente exactamente lo mismo que yo. Respiro aliviado: "No soy tan raro como pensaba, o, por lo menos, ya somos dos". Lo paradójico es que cuanto más solo se esté, menos probabilidades se tienen de vivir esta experiencia.

La auto-imagen debe estar basada en un balance serio de las capacidades, virtudes y defectos del individuo. Si no es así, se tendrán problemas: de inferioridad si mi yo personal es percibido abajo del nivel de mis capacidades; de superioridad si lo construyo muy por encima de lo que en realidad es mi potencial.

b. El "yo social".

Cuando somos niños, gradualmente, y algunas veces dolorosamente, seguimos el proceso de aprender los "debidos" rituales sociales para relacionarnos y comunicarnos con otras personas. Su yo social corresponde a la manera como se presenta a sí mismo a los demás. Un niño, muy pronto aprende que una conducta es "más socialmente aceptable" y más efectiva para conseguir que los demás satisfagan sus necesidades. Por ejemplo, aprende rápidamente el efecto mágico de decir "por favor" cuando quiere un trozo de pastel y "gracias" cuando ya lo ha conseguido.

El yo social es la manera que presentamos públicamente a los demás, esperando que nos consideren bien educados, corteses, considerados..., termine la lista con las características que crea conveniente. Pero para poder proyectar esta imagen, muchas veces nos sentimos impulsados a decir o a hacer cosas que realmente no deseamos hacer o decir. Ello puede ser la causa de que nos dediquemos a un juego que puede impedir que nos comuniquemos con los demás.

Algunas personas están convencidas de que una conducta "cortés" o "socialmente aceptable" es falsa, hipócrita. Y, de hecho, es muy posible que exista un cierto vació entre lo que un individuo sienta y la manera en que debe presentarse socialmente a sí mismo.

En teoría, podemos llegar a la conclusión de que todo el mundo tiene el derecho de expresar sus verdaderos sentimientos. Pero en la práctica, es muy probable que sintamos muchas cosas que no nos atrevemos a expresar debido a las posibles consecuencias.

Una de las mayores diferencias existentes entre los seres humanos y los animales se encuentra en la habilidad del hombre para pensar sobre sus sentimientos y en inhibir su propia conducta. Cuando un perro se ve amenazado, gruñe o muerde a la fuente del peligro... inmediatamente, sin "pensar en ello". Y un niño lo hace saber enseguida y con mucho ruido que se siente frustrado, sin importarle a quién pueda molestar. Por el contrario, un ser humano adulto puede llegar a la conclusión que tendría que sufrir si expresase dicho enfado, y, luego decide lo que debe hacer con sus sentimientos. Esto es uno de los factores más importantes de ser un "ser social".

Para poder convivir en este mundo es necesario provocar un "cortocircuito" en nuestras emociones y considerar los sentimientos de los demás. Pero como veremos más tarde, el hecho de sofocar sus sentimientos para conseguir ser aceptado socialmente puede lisiarlo emocionalmente, de igual manera que si deja de utilizar sus piernas durante veinticinco años quedará lisiado físicamente.

La inhibición continua de nuestros sentimientos y emociones nos llevará a presentar una "careta" ante la sociedad. Después de mucho tiempo de ejecutar el mismo rol el individuo terminará siendo como actúa y no como en realidad es. Aquellos que se presentan como sumisos y obedientes terminarán incorporando esa característica a su personalidad.

c. El "yo ideal".

A medida que un individuo adquiere mayor experiencia de la vida, comienza a desarrollar la imagen de lo que él desea ser (o cree que debería ser): su yo ideal. Parte de este yo ideal está hecho con los valores culturales. La mayoría de nosotros estamos de acuerdo en admitir el énfasis que nuestra cultura da a la honradez, la honestidad y la lealtad, por lo que esperamos que nuestro yo ideal contenga dichas características. Otro factor proviene de nuestra necesidad de ganarnos la aprobación paterna, es decir, vivir en conformidad con lo que nuestros padres desean que seamos.

En muchas ocasiones el yo ideal puede hacer terribles demandas, mostrándose muy poco realista. Tal imagen puede ser reforzada por los padres del niño, quienes pueden tener unas imágenes ideales igualmente "fuertes". Una persona con un yo ideal que le haga excesivas demandas puede pensar que es un fracaso, y un mal ser humano en caso de que no consiga satisfacer las demandas que le hace su yo ideal.

Los ideales culturales también forman parte del "yo ideal" que cada uno de nosotros nos creamos. Pero nuestra cultura nos confunde, ya que parece que aboga por dos ideales: uno de amor y convivencia y el otro de dureza y competencia. El primero se refleja en consejos bíblicos como, "Ama a los demás como a ti mismo" y "No hagas a los demás lo que no quieres para ti. El mensaje dice que debe compartir lo que posee, preocuparse por sus humanos y cooperar con ellos.

Pero al mismo tiempo, nos enseñan otro ideal, diseñado para ayudarnos a sobrevivir en el mundo económico. Entre sus lemas se encuentran, " La competencia le da sabor a la vida!". "¡En este mundo tan sólo sobrevivirán los mejores!" y "Las personas que lo consiguen son buenos; los que son pobres deben ser vagos, malos y poco aptos".

Es muy posible que un joven afirme que para lograr el ideal económico de conseguir un trabajo bien pagado, para así poder acumular riquezas, estando siempre en el primer lugar, tendrá que abandonar (o por lo menos dejar de prestarle atención) el modelo amor - cooperación - convivencia. Tal vez sus razones sean válidas.

Todos los problemas de personalidad empiezan con una distorsión en el acoplamiento de los tres "yos". Entre mayor es la distancia entre el yo social y el yo real más nos alejamos del mundo en que vivimos. Al incrementarse la distancia entre el yo real y el yo ideal más nos frustramos.

Yo amo de una manera que el otro yo desconoce. Yo amo. "¡Es excesivamente cálido para los amigos!" "¡Es demasiado frío para los amantes!". "no te preocupes, tan sólo es un amigo. De todas maneras, no lo querías". "¿Cómo pudiste dejarlo marchar? ¿Pensaba que le amabas?". Así que enfría las cálidas relaciones con los amigos y caldea el amor por los amantes, y yo me pierdo.

Barry Stevens.

CAPITULO TRES. LA AUTOESTIMA

Las ideas que nuestra cultura tiene de la belleza, éxito, imagen, etc., influencian poderosamente la imagen física y de posicionamiento ideal que el individuo tiene de sí mismo. En nuestra sociedad se refuerza dicha idea. Una mujer con unos senos pequeños es considerada "menos atractiva" que una con unos pechos más desarrollados, una secretaria es considerada menos exitosa que una profesionista, y así hasta el cansancio. Un hombre bajo de estatura, obrero, sin auto, no es tan deseable como un hombre alto, profesionista y con auto del año.

Es un hecho que algunas personas son más atractivas, exitosas, bellas, físicamente que otras. El problema consiste en que aquellos individuos que no alcanzan los ideales físicos o de éxito pueden sentirse menos valiosos como personas que aquellos que sí los alcanzan. Sin embargo, el problema radica en que si yo no me acepto a mí mismo ¿cómo quiero que otros me acepten?

Debido a la importancia de la autoestima como factor de salud y de equilibrio en nuestra vida psíquica desarrollaremos por separado en un capítulo específico el tema.

"Nadie ama a un hombre obeso, ni siquiera él mismo. Pero todo el mundo necesita ser amado, especialmente los gordos. Si

69

no estuviese tan necesitado de amor, probablemente no sería una persona obesa. De momento es suficiente. He prometido que no habría más psicodinámica. Es suficiente con decir que el hombre gordo tiene una imagen muy pobre de sí mismo, y ello le afecta poderosamente; social, sexual y económicamente. Aunque no es corriente que él lo admita, se comporta como un lisiado. Y lo que es peor, este tipo de lisiado provoca menosprecio y no simpatía; esta situación produce una mayor sensibilidad dañando la autoestima y la habilidad para relacionarse con otros seres humanos".

Theodore Rubin.

LA AUTOEVALUACION

La mayoría de nosotros necesitamos ser queridos y aceptados por los demás. Tal vez disfrutemos conociendo a personas "diferentes", cuyos antecedentes y actitudes sean completamente distintos a los nuestros, pero tendemos a sentirnos más cómodos en la compañía de aquellas personas que comparten nuestras suposiciones y nuestros antecedentes. Parece que el viejo refrán "los polos opuestos se atraen", no encierra mucha verdad.

Un buen número de psicólogos han expresado estas ideas en la teoría del "yo reflejado", es decir, el concepto que uno tiene de sí mismo se ve afectado por lo que imagina que los demás piensan de él. Usted observa la conducta de las personas importantes que lo rodean; padres, hermanos, hermanas, amigos. Si parece que ellos lo aprueban, se da un más alto valor, y viceversa. Si alguien que usted aprecia y/o respeta le hace un cumplido y en el mismo momento se le pide que se evalúe a sí mismo siguiendo una escala del uno al diez, es muy probable que sus "acciones" se coticen a un precio más alto de lo normal. Ello ha sido demostrado en un buen número de estudios.

Otra poderosa fuente de autoevaluación consiste en compararnos con los demás. En nuestra cultura aprendemos las normas de comparación. Por ejemplo, una persona con un título universitario es "mejor" que uno que no asistió a la universidad. Una persona que trabaja es "mejor" que una que se la pasa vagando. Un artesano creativo y con talento es "mejor" que alguien sin imaginación. La persona que trabaja a pleno rendimiento es "mejor" que un haragán. Tener un hijo que es "médico" es mejor que tener un hijo que se dedique a la limpieza. El hecho de vivir en una casa de diez millones de pesos es "mejor" que hacerlo en un departamento. Tener antepasados que llegan a México en avión es "mejor" que ser descendiente del indio que es taxista en el aeropuerto. Por supuesto, no todos estos factores son ciertos para todo el mundo, pero representan algunas normas de comparación creadas dentro del marco de nuestra cultura y que sirven para que los individuos se evalúen en sí mismos comparándose con otros.

De momento, creemos que ha quedado claro que un individuo define el concepto que tiene de sí mismo de muchas maneras distintas, y que cualquiera de estas definiciones puede causar problemas de una pobre o baja autoestima. Que ocurre cuando la computadora de la autoevaluación de un individuo contesta con, "¡No estás a la altura necesaria!". Ello constituye una de las cuestiones más importantes de la psicología, y será considerada repetidamente en los siguientes capítulos. De momento, nos centraremos en algunos aspectos de la respuesta.

Vivimos en una opulenta sociedad de super-abundancia, donde la posesión de "objetos" se convierte en nuestro símbolo del éxito y nos ayuda a mantener las apariencias. Pero los "objetos" no son suficientes; deben ser "objetos" nuevos. Las comodidades de hoy, mañana estarán pasadas de moda. El hecho de guardar algo desmiente del principio de la abundancia, pero si elimina los aparatos domésticos, y pertenencias, que "envejecen" en una noche, por nuevos y más modernos artefactos, detendríamos las líneas de producción industrial, con lo que se trastornaría la espiral del Producto Nacional Bruto que nos sirve para medir estadísticamente nuestra prosperidad.

Arthur Handley.

COMPLEJO DE INFERIORIDAD

Ser un ser humano significa poseer un sentimiento de inferioridad que constantemente nos impulsa a conquistarlo. Los caminos que conducen a la victoria son tan distintos como los objetivos que se eligen para lograr la perfección. Cuanto mayor sea el sentimiento de inferioridad que se haya experimentado, más poderosa es la necesidad de conquistarlo y más violenta es la agitación emocional.

Alfred Adler.

Durante muchos años se ha hecho un uso tan indebido de la frase "complejo de inferioridad" que en la actualidad parece que ha perdido su sentido original. Algunas veces se utiliza con relación a una persona que actúa con humildad o timidez. En otras ocasiones, se aplica a la persona que de vez en cuando pasa por un período de incertidumbre, incluso en el caso de que la mayoría de las veces se valore positivamente. Ello es incorrecto y engañoso.

Todos nosotros experimentamos dudas en ciertos momentos, algunos durante períodos de tiempo más largos y en un mayor número de situaciones que otros. Pero el auténtico complejo de inferioridad implica un constante y completo sentido de falta de confianza en uno mismo.

Alfred Adler desarrolló el concepto del complejo de inferioridad. Adler provenía de la ortodoxa tradición Freudiana, pero desarrolló sus propias teorías de la personalidad, la conducta y la psicoterapia. Adler proporcionó algunas interesantes ideas sobre los sentimientos de inferioridad, especialmente aquellos que forman un complejo patrón en la vida de un individuo. Si desarrollásemos este patrón en un diagrama (realmente una ecuación) sería como la siguiente:

Pobre concepto de sí mismo + Falta de confianza = Bajo desempeño = Complejo de inferioridad.

Esta fórmula ha sido simplificada, pero podemos utilizarla para poder comprender elementalmente el problema. La idea de un pobre concepto de sí mismo ha sido investigada insuficientemente. Aún no estamos capacitados para poder superarla, incluso cuando se descubre en las primeras etapas de la vida de una persona.

De hecho, ni siquiera conocemos su origen exacto. Por supuesto en muchos casos de deformidad física o de haber sido degradado por unos padres exigentes, la causa es evidente. Pero ¿qué ocurre en el caso de una persona "normal" sin ningún defecto o deformidad evidente y cuya vida familiar parece ser aceptable? ¿Cómo desarrolló un complejo de inferioridad? Es una pregunta muy difícil de responder. Una y otra vez, tales personas buscan ayuda en la psicoterapia ya que tienen serias dudas de sí mismo y sentimientos de inferioridad. El terapeuta ve a un individuo que posee inteligencia, dinero y talento; en la superficie no hay nada que pueda facilitar alguna pista para saber el motivo por el que duda de sí mismo. ¡Pero están allí!.

Es posible que los sentimientos de inferioridad tan sólo salgan a la superficie en determinadas ocasiones, o, por el contrario, puedan estar muy unidos al entrelazado de la personalidad. Si el concepto básico que el individuo tiene de sí mismo es sólido, entero y sano, las ocasionales crisis de dudas y de sentir deseos de "rebajarse" se ven equilibradas por las ocasiones en las que está contento consigo mismo y tiene confianza en sí mismo.

El concepto que el individuo tiene de sí mismo comienza a formarse en el curso de las primeras experiencias de su vida. La mayoría de los rasgos y patrones de la personalidad necesitan mucho tiempo para desarrollarse. La mayoría de los psicólogos están de acuerdo en admitir que la personalidad básica se forma cuando el niño tiene cinco o seis años de edad. Ello quiere decir que las herramientas y los modelos fundamentales para aprender, actuar, reaccionar, sentir, relacionarse y crecer, se encuentran fijados a esta temprana edad. Por esta edad, el niño también ha aprendido a coordinar la mayoría de sus acciones corporales; andar, hablar, levantarse, alcanzar, correr, etc. Ya está formado. A partir de este momento, casi todo su desarrollo es elaborado: dando el toque final a la base.

En la vida de cada individuo, los roles que se aprenden, ensayan y representan son determinados originalmente por un guion o argumento de vida. Este tiene un parecido con un argumento teatral, consta de un elenco de personajes, diálogos, actos, temas y tramas que avanzan hacia un clímax y un final. Un guion psicológico es el continuo programar que hace una persona de su propio drama, el cual dispone lo que ésta va a hacer con su vida, aunque no tenga mucha conciencia de ello. En cualquier caso, la mayoría de nosotros hemos sido "nosotros mismos" durante un largo período de tiempo. Un adulto de veintiún años con signos de un complejo de inferioridad, con toda seguridad habrá ido desarrollando este modelo durante un período de tiempo que puede oscilar entre los quince y los diecinueve años. Durante todo este tiempo ha practicado muchas conductas y las ha perfeccionado. Con el tiempo llegan a convertirse en parte de él mismo, creando hábitos, y no es de extrañar que el individuo no intente reformarse más, ya que asume que se ha endurecido y no puede cambiar.

"La perfección no existe; comprenderlo significa el triunfo de la inteligencia humana; esperar poseerla constituye el más peligroso tipo de locura".

Alfred Musset.

"Amo todos los imperfectos encuentros de la flecha con el blanco, especialmente aquellos que no dan en el centro de la diana, y que se desvían a la derecha o a la izquierda, arriba o abajo. Amo todos los intentos que fracasan de mil maneras distintas. Tan sólo hay un blanco, y la buena voluntad es expresada de muchas maneras... La perfección es una maldición... que tan sólo incrementa la tensión. No tema a los errores. Los errores no son pecados. Cometer errores significa intentar hacer algo distinto, tal vez nuevo".

Fritz Pearls.

LAS NECESIDADES NEUROTICAS DE LOS INDIVIDUOS

a. La personalidad neurótica de nuestro tiempo

Para Karen Horney quien en su libro cuyo título es el que sirve de entrada a este apartado, describe las neurosis de nuestro tiempo, establece que en primer lugar, los neuróticos discrepan de los seres comunes en sus relaciones. Aunque es cierto que el concepto de lo normal varía con las distintas culturas, con el tiempo, aún en idénticas condiciones culturales. No solo las costumbres sino también los impulsos y sentimientos están sujetos a variaciones, (aunque la antropología moderna se encuentra en constante dedicación a redescubrir la normalidad). Toda cultura se aferra a la creencia de que sus propios impulsos y sentimientos constituyen la única expresión normal de la "naturaleza humana".

Alcanzamos nuestro concepto de normalidad adoptando ciertas pautas de conducta y de sentimiento vigente en un grupo determinado que las impone a todos sus miembros; pero olvidamos que esas pautas varían con la cultura, la época, la clase social y el sexo. Los sentimientos y las actitudes son plasmados en sorprendente medida por las condiciones bajo las cuales vivimos, sean culturales o individuales, que se hallan inseparablemente entrelazadas.

No es factible penetrar en una neurosis sin conocer en detalle las circunstancias de la vida individual y, en particular, las influencias moldeadoras del afecto que el niño recibe en temprana edad. En las neurosis es imposible usar como criterio los síntomas -fobias, depresiones, trastornos somáticos funcionales- pues estos bien pueden estar ausentes en las neurosis. Es cierto que siempre que existen inhibiciones de cualquier naturaleza, pero podrían ser tan sutiles o estar tan ocultas que escaparán a la observación superficial.

Existen dos características que nos es dable apreciar en cualquier neurosis, primero, cierta rigidez en las reacciones, y segundo, una estimable discrepancia entre las capacidades del individuo y sus realizaciones. Por rigidez de las reacciones entendemos la ausencia de flexibilidad que nos permite reaccionar de diversa manera frente a diversas situaciones. Por ejemplo, una persona normal, abriga sospechas cuando siente o advierte razones que las justifiquen; en cambio una persona neurótica podrá estar dominada por incesantes sospechas, sin tener en cuenta la situación dada, y tenga o no conciencia de su estado. El ser normal es capaz de distinguir un cumplido sincero de otro falso; el neurótico, por su parte no atina a diferenciarlos o puede rechazarlos totalmente, bajo cualquier circunstancia. Una persona normal experimenta encono cuando cree que se le quiere imponer algo sin causa o motivo razonables, en tanto que el neurótico responderá con malevolencia a cualquier insinuación, aunque comprenda que es en su propio interés. Una persona normal podrá sentirse indecisa en determinados casos, ante asuntos importantes y arduos de solucionar; el neurótico constantemente suele mostrarse incapaz de decidirse.

El neurótico, pese a tener a su alcance todas las condiciones para sentirse feliz, no acierta a disfrutar lo que posee. En otras palabras el neurótico tiene la impresión de que él mismo es un obstáculo en su propio camino. Existe un rasgo común en las neurosis: la angustia y las defensas levantadas contra esta. Existe una diferencia entre temores y angustias. Los temores se deben a causas externas (el miedo frente al peligro), las angustias que sufren los neuróticos obedecen a ciertas condiciones propias de su vida individual.

Una persona normal de ordinario se hallará en condiciones de realizar todas sus capacidades y de gozar lo que la vida puede ofrecerle, al individuo normal le es factible aprovechar al máximo las posibilidades brindadas. El neurótico siempre sufre más que el individuo medio, pues de continuo se ve obligado a pagar un precio desorbitado por sus defensas; precio consistente en el menoscabo de su vitalidad y de su expansión o en la restricción de sus capacidades de realización y de goce. El neurótico siempre es un sujeto que sufre. Los conflictos en los neuróticos son más agudos y acentuados.

La neurosis es un trastorno psíquico producido por temores, por defensas contra los ismos y por intentos de establecer soluciones de compromiso entre las tendencias en conflicto.

Los síntomas neuróticos no constituyen el propio volcán, sino antes bien sus erupciones, mientras que el conflicto patógeno, como el volcán, se encuentra profundamente oculto en el individuo, a tal punto que este mismo lo desconoce. En nuestra inmensa mayoría, nos vemos obligados a luchar con problemas de competencia, con temores al fracaso, con el aislamiento emocional, la desconfianza del prójimo y de nosotros mismos, para no mencionar sino unas pocas de las múltiples dificultades que puede presentar una neurosis. Estas dificultades reinan en nuestro tiempo y cultura.

Las neurosis pueden detectarse al analizar las actitudes de las personas. **Las actitudes observables** pueden clasificarse a grandes rasgos de esta manera: **primero,** actitudes frente al dar y recibir cariño; **segundo,** actitudes frente a la valoración de sí mismo; **tercero,** actitudes frente al problema de la autoafirmación; **cuarto,** la agresividad; **quinto,** la sexualidad.

En cuanto a **las primeras,** uno de los rasgos predominantes de los neuróticos es su excesiva dependencia de aprobación o del cariño del prójimo. Todos deseamos ser queridos y sentimos apreciados, pero en los neuróticos la dependencia del afecto o de la aprobación resulta desmesurada.

Los neuróticos están presos de un afán indiscriminado de estima o afecto. En la mayoría de los casos no se dan cuenta de esos insaciables anhelos, pero los traducen en la sensibilidad con que reaccionan al no obtener la ansiada atención. Así por ejemplo pueden sentirse heridos por el mero hecho de que alguien no acepte sus invitaciones o deje pasar un tiempo sin hablarles por teléfono, o aun si solo disiente con ellos en alguna opinión, tal hipersensibilidad es susceptible de ocultarse bajo una actitud de ¡que me importa!".

Además existe una notable contradicción entre su deseo de recibir cariño y su propia capacidad de sentirlo o de ofrecerlo. Su desmesurada exigencia de respeto a sus propios requerimientos puede unirse a una falta no menos cabal de consideración por los demás. También puede mostrase en exceso amable y afanoso de ayudar a todo el mundo, advirtiéndose inmediatamente que actúa bajo compulsión, y no por espontáneo calor afectivo.

La inseguridad interior, expresada en la dependencia de los demás constituye el **segundo rasgo.** Jamás faltan en él los característicos sentimientos de inferioridad y de inadecuación, que pueden manifestarse en una serie de formas - la idea de incompetencia, de estupidez, de fealdad, etc.- aunque no tengan fundamento en la realidad. Las ideas de la propia estupidez pueden aparecer hasta en las personas de extraordinaria inteligencia; las de fealdad, en la más bella de las mujeres. Estos sentimientos de minusvalía pueden mostrarse abiertamente en la superficie, bajo forma de lamentaciones o preocupaciones. Por el contrario, también pueden estar encubiertos por inclinaciones compensatorias al autoelogio, por una propensión compulsiva a alardear, a fin de impresionar.

El **tercer grupo** de actitudes, las que atañen a la autoafirmación, implica inhibiciones manifiestas. Los neuróticos están inhibidos para expresar sus deseos o para pedir algo, para hacer cualquier cosa en su propio interés, para expresar opiniones o críticas justificadas, dar órdenes, seleccionar las personas con las que desea relacionarse, establecer nexos con los demás. También suelen ser incapaces de defenderse contra los ataques de los demás, o de decir "no" cuando no están dispuestos a acatar los deseos extraños. Poseen por fin inhibiciones de saber lo que de verdad quieren; dificultades para adoptar decisiones, para formarse opiniones y atreverse a expresar deseos que solo incumben al beneficio personal. También tienen incapacidad para establecer planes, ya se refieran a un simple viaje o a la vida entera: los neumáticos se dejan llevar cual si flotaran en una corriente, inclusive en decisiones importantes como el matrimonio o la vida profesional.

El **cuarto grupo** de dificultades es relativo a la agresividad. Se dirigen evidentemente sobre alguien, expresando una conducta de ataque, ofensa, intrusión o cualquier otra disposición hostil. Los trastornos de esta índole se manifiestan de dos maneras distintas. Una de ellas es la propensión a ser agresivo, dominador y sobremanera exi personas; a mandar, engañar o criticar, y están convencidas de que no son sino sinceras, o no hacen más que expresar una opinión, o aun que son muy modestas en sus demandas. En otras los trastornos se acusan de manera opuesta, comprobándose una actitud superficial de sentirse con facilidad engañado, dominado, despreciado, tiranizado o humillado. La generalidad de estas personas no se da cuenta de que se trata de su propia actitud, más bien están amargamente persuadidas de que todo el mundo se ensaña con ellas tratando de embaucarlos.

Las peculiaridades del **quinto tipo,** las de la esfera sexual pueden clasificarse en forma somera como deseos compasivos de tener actividades sexuales, o bien como inhibiciones frente a estas (como en el galanteo, en las propias funciones sexuales o en el goce que estas proporcionan normalmente).

b. La angustia

La angustia se ha usado como sinónimo de miedo y se acompaña por sensaciones físicas como temblor, sudor y palpitaciones cardiacas. Existe diferencia entre miedo y angustia; el miedo será una reacción proporcionada frente al peligro que se debe encarar, mientras que la angustia es una reacción desproporcionado al peligro, o inclusive una reacción ante riesgos imaginarios. El miedo al peligro es objetivo y evidente, en tanto que la angustia es oculta y subjetiva. La intensidad de la angustia es proporcional al significado que la situación tenga para la persona afectada, aunque ella ignore esencialmente las razones de su ansiedad. La angustia es uno de los afectos más atormentadores y su indefinición es mucho más intolerable. Las personas se impresionan por la visible exageración de sus reacciones, se resienten por éstas, como si les demostrasen su debilidad o cobardía.

La angustia es una advertencia de que algo anda mal en nosotros y nuestra cultura ofrece cuatro vías para escapar de ella. La primera consiste en convertir la angustia en un temor racional, en reconocerlas como una debilidad. El segundo recurso para escapar de la angustia consiste en negar su existencia, excluirla de la conciencia. En este caso, lo único que se exterioriza de la angustia son sus concomitancias somáticas, o sea el temblor, el sudor, la taquicardia, las sensaciones de sofocación, la frecuente necesidad de orinar, la diarrea, los vómitos y una sensación de inquietud mental, de ser impulsado o paralizado por algo desconocido. Se puede negar la angustia enfrentándose a las circunstancias que el temor por medio de la voluntad. El neurótico puede reforzar su autoestima "haciéndose fuerte" aunque es importante no sobrevalorarse, ya que dejan inalterados los mecanismos. La tercera manera consiste en "narcotizarla' con alcohol y narcóticos, precipitándose en actividades sociales por miedo a quedar solo, o ahogarla en el trabajo de manera compulsiva, o por -la necesidad desorbitado de dormir (aunque esto no prodiga gran reposo). Por último por actividades sexuales como válvula para descargar la angustia. El cuarto expediente para escapar de la angustia consiste en rehuir toda situación, idea o sentimiento capaces de despertarla. Puede ocurrir que la persona esté consciente de la causa y la evite. También puede aplazar en forma indefinida la solución de todo asunto que, sin saberlo el propio sujeto, entraña angustia, corno evitar una decisión, consultar al médico o escribir una carta. o bien fingir; es decir, despojar subjetivamente de toda importancia a ciertas actividades inminentes, como participar en una discusión, impartir órdenes o separarse de otra persona. También puede fingir que no le agrada hacer ciertas cosas, razón por la cual las descarta.

Los individuos que asumen un rol de los descritos pueden llegar a mostrar síntomas de patologías que tienen sus bases en una neurosis.

Karen Horney entendía la neurosis como un intento de hacer la vida más llevadera, como una forma de "control interpersonal y adaptación". Esta adaptación normalmente en la persona sana es algo que realiza obteniendo satisfacción y logro, pero para el neurótico entraña una gran dificultad. Karen distinguió 10 patrones particulares de necesidades neuróticas, basados en aquellas cosas que todos necesitamos, pero que se han vuelto distorsionados de diversas formas por las dificultades de vivir en algunas personas.

Una necesidad se torna neurótica en el grado de dependencia y la ansiedad que nos origina el no poder satisfacerla, y el percibir que no vamos a poder satisfacerla en un futuro, esto es la que la lleva poseer una naturaleza irracional, irreal e indiscriminada. Si hablamos de afecto sabemos que lo necesitamos de nuestra pareja, amigos y ámbito social, pero, no podemos esperar que nos lo den todo el tiempo, y en todas las circunstancias, ni que nos lo de aquel a quien ni siquiera conocemos, y somos conscientes de que habrá muchas veces en nuestra vida donde tendremos que ser autosuficientes. El neurótico necesita afecto todo el rato, y ha hecho de esto la necesidad central de su vida, y si no lo consigue se torna ansioso y entra en pánico. Karen Horney hizo un gran estudio acerca de las neurosis y patologías de nuestro tiempo y de la vida cotidiana. Para ella las necesidades neuróticas más comunes son:

1. Necesidad neurótica de depender de la aceptación de otras personas.

Esta neurosis se caracteriza por:

A).- Una indiscriminada necesidad de agradar a los demás y ser querido y recibir la aprobación de los demás;

B).- El vivir, de una manera automática, a la altura de las esperanzas de los demás;

C).- El centro de gravedad en los demás y no en uno mismo, siendo lo único que cuenta los deseos y opiniones de aquellos;

D).- El temor de hacerse valer;
E).- El temor a hallar hostilidad en los demás o sentimientos hostiles en uno mismo.

2. La necesidad neurótica de un "compañero" que se encargue de la vida de uno.

Esta tiene como características las siguientes:

A).- El centro de gravedad radica totalmente en el "compañero" que deberá colmar todas las esperanzas de la vida y asumir la responsabilidad del bien y del mal, convirtiéndose en tarea predominante su fructuoso gobierno;

B).- Sobrestimación del "amor" por suponer que el "amor" resuelve todos los problemas;
C).- Temor al abandono;
D).- Temor a estar solo.

3. La necesidad neurótica de restringir la propia vida dentro de estrechos límites.

Esta necesidad lleva implícita la idea de que el amor resolverá todos nuestros problemas. A todos nos gusta tener un compañero con quien compartir la vida, pero el neurótico va más allá, necesita restringir la vida del otro a límites muy estrechos, a no demandar y a satisfacerse con muy poco. Las características principales son:

A).- La necesidad de ser poco exigente y contentarse fácilmente, y la de restringir las ambiciones y deseos de cosas materiales;

B).- La necesidad de no llamar la atención y de ocupar un segundo plano;

C).- La subestimación de las facultades y cualidades en potencia existentes, considerando la modestia valor supremo;

D).- El impulso de ahorrar más bien que de gastar;

E).- El temor a formular exigencia alguna;

F).-El temor a tener o a afirmar deseos expansivos.

Estas tres tendencias se encuentran juntas a menudo, como cabe esperarlo, porque todas ellas comportan una confesión de debilidad y constituyen tentativas de ajustar la vida sobre esa base. Son la antípoda de las tendencias a confiar en la propia fuerza o a asumir personalmente una responsabilidad. Con todo, las tres no constituyen un síndrome. La tercera puede existir sin que las otras dos jueguen un papel destacado.

4. La necesidad neurótica de poder.

El neurótico se desespera por lograr el poder, conlleva una gran creencia en su propio poder al que acompaña un fuerte rechazo hacia sensibilidad, vulnerabilidad y debilidad del otro al no admitir la suya propia. Los elementos vinculados a la necesidad neurótica de poder son:

A).- La dominio sobre los demás, codiciado por sí mismo;

B).- La devoción a una causa, deber, responsabilidad, que aun desempeñando algún papel, no es la fuerza impulsora;

C).- Una ausencia esencial de respeto por los demás, por su individualidad, dignidad, sentimientos, siendo su sola preocupación su subordinación.

D).- Grandes diferencias en lo que concierne al grado de elementos destructores implicados;

E).- Una indisciplinada adoración de la fuerza y desdén por la debilidad;

F).- El temor a las situaciones ingobernables;

G).- El temor a la impotencia.

4. a) La necesidad neurótica de fiscalizarse en sí mismo y fiscalizar a los demás por medio de la razón y la pre-ciencia.

Una variedad de la cuarta tendencia que se presenta en las personas demasiado inhibidas para ejercer el poder en forma directa y franca y se manifiesta en:

A).- La fe en la omnipotencia de la inteligencia y la razón;

B).- La negación del poder de las fuerzas emocionales y el desprecio por las mismas;

C).- La asignación de un valor extremo a la presciencia y a la y a la predicción;

D).- Sentimientos de superioridad sobre los demás, vinculados con la facultad de la presciencia;

E).- El desdén de todo lo contenido en el yo que rezaga de la imagen de superioridad intelectual;

F).- El temor a advertir las limitaciones objetivas del poder de la razón;

G).- El temor a la "estupidez" y a los malos juicios.

4. b) La necesidad neurótica de creer en la omnipotencia de la voluntad.

Esta tiene como características:

A).- Un sentimiento de fortaleza logrado con la creencia en el poder mágico de la voluntad (como la posesión de un anillo mágico);

B).- Una reacción de desolación ante cualquier frustración de los deseos;

C).- La tendencia a renunciar a los deseos o a restringirlos y a refrenar el interés por temor al "fracaso";

D).- El temor a reconocer toda limitación de la voluntad pura.

5. La necesidad neurótica de explotar a los demás y de sacar partido de ellos por las buenas o por las malas.

Es la manipulación y la creencia de que los demás estamos ahí para ser utilizados, obviamente trae el miedo a ser manipulado por los demás. Las características de ésta neurosis son:

A).- Los demás son valuados esencialmente según pueden o no ser explotados o utilizados; B).- Diversos móviles de explotación: el dinero (el regateo llega a extremos de pasión), las ideas, la sexualidad, los sentimientos; C).-El orgullo de habilidad en la explotación; D).- El temor de ser explotados y por lo tanto de ser "estúpidos".

7. La necesidad neurótica de reconocimiento o prestigio social (que puede o no estar combinada con un ansia de poder).

El neurótico teme ser ignorado, y está sumamente preocupado en su propia apariencia y en el efecto que causa en los demás. Buscan ser los más populares. Los elementos de éste tipo de neurosis son:

A).-Todas las cosas, los objetos, el dinero, las personas, las propias cualidades, actividades y sentimientos, son valuados solamente de acuerdo con su valor de prestigio);

B).- Una autoevaluación que depende totalmente de la naturaleza de la aceptación pública;

C).- Diferencias en cuanto al uso de procedimientos tradicionales o rebeldes a provocar envidia o admiración;

D).- El temor a desprestigiarse ("humillación"), ya sea a raíz de circunstancias externas o de factores internos.

7. La necesidad neurótica de admiración personal.

Necesitamos que nuestras cualidades sean valoradas, necesitamos sentirnos importantes, pero algunas personas están más desesperadas y necesitan recordarnos continuamente su importancia, llamar la atención de lo que hacen y de lo que son, su gran miedo es no ser nadie, falto de importancia y sin sentido en sus acciones. Esta se caracteriza por:

A).- Una imagen hipertrofiada del yo (narcisismo);

B).- La necesidad de ser admirado, no por lo que uno posee o representa para la opinión pública, sino por el yo imaginado;

C).- Una estimación de sí mismo implica confianza en vivir al nivel de esta imagen y en que ésta sea admirada por los demás;

D).- El temor a perder admiración ("humillación").

8. La ambición neurótica de hazañas personales.

No hay nada malo en aspirar a logros, pero algunas personas están obsesionadas con ello. Deben ser los número uno en todo, y ya que esto es difícil, porque siempre habrá alguien que en algo nos supere, o sencillamente sea mejor que nosotros en función de su cualidad, estas personas devalúan todo lo que tienen alrededor, excepto aquello en lo que pueden llegar a ser los primeros. Sus características son:

A).- Una necesidad de superar a los demás no por lo que uno presenta o es, sino por sus actividades;

B).- Una autoevaluación resultante de ser el mejor - como amante, deportista, escritor u obrero - particularmente según la propia opinión, siendo también vital, con todo, el reconocimiento de los demás y suscitando resentimiento la falta del mismo;

C).- Una mezcla de tendencias destructoras (encaminadas a la derrota de los demás) que nunca falta, pero que es de intensidad variable;

D).- Un infalible impulso del yo proyectado hacia proezas mayores, si bien impregnado de angustia;

E).- El temor al fracaso (humillación).

Las tendencias 6, 7 y 8 tienen en común un impulso más o menos rival, encaminado hacia una superioridad absoluta sobre los demás.

Pero aunque esas tendencias desbordan sus límites y pueden ser combinadas, por ejemplo, puede ir acompañada de un desdén por el prestigio social.

9. La necesidad neurótica de autosuficiencia e independencia.

Aquel que posee esta necesidad neurótica tiene muy difícil el poder establecer una relación afectiva, siente que no necesita de nadie nunca y es muy reticente a compartir, rechazan la ayuda y tienen muy distorsionado el sentido de autonomía. Son elementos de ésta neurosis:

A).- Una necesidad de no requerir jamás la ayuda de nadie, o de no ceder a influencia alguna, o de no quedar atado a algo, significando toda proximidad el peligro de esclavizarse;

B).- La distancia y el alejamiento son la única fuente de seguridad;

C).- El temor a necesitar a los demás, a los vínculos, a la proximidad, al amor.

10. La necesidad neurótica de perfección e inexpugnabilidad.

Algunas veces tenemos impulsos que pueden ser considerados neuróticos, deseos de perfección, algunas personas necesitan ser perfectas y tienen mucho miedo al fallo, al fracaso, en consecuencia, necesitan estar controlando todo y todo el rato. Los factores involucrados en esta necesidad son:

A).-Un infalible impulso hacia la perfección;
B).- Cavilaciones sobre posibles fallas a su autoreconocimiento;
C).- Sentimientos de superioridad sobre los demás por ser perfecto;
D).- El temor a hallar fallas en sí mismo o a cometer errores;
E).- El temor a críticas o reproches.

Con el tiempo Karen fue agrupando las necesidades neuróticas en tres amplias estrategias de adaptación:

Complianza (cumplimiento), que incluye las necesidades 1, 2 y 3. Karen también la definió como la estrategia de *"moverse hacia"*, y auto-retirada. Se corresponde con la personalidad flemática de Adler.

Agresión, incluyendo las necesidades desde la 4 hasta la 8. También la llamo *"moverse en contra de"*, o la solución expansiva. Corresponde al tipo dominante o personalidad colérica de Adler.

Alejamiento, necesidades 3, 9 y 10, es la necesidad de moverse, *"alejarse de"* y la auto-retirada, es la que logra la ilusión de independencia y perfección.

Corresponde a la personalidad melancólica.

Todos somos neuróticos en un mayor o menor grado. Lo importante es no rebasar lo que se conoce como límite de salud mental. La autoevaluación supone realizar un examen de nuestras neurosis y conocer el grado en que afecta mi vida "normal".

El origen de la neurosis para Karen Horney.

La respuesta de Karen al origen de la neurosis es la llamada indiferencia paterna o como ella le llamaba *"la maldad básica"* o una falta de calidez y afecto durante la infancia. Hay que saber que incluso un trauma de niñez puede ser superado, siempre que el niño se sienta aceptado y querido. *La clave para entender la indiferencia parental es que constituye una forma de percepción del niño y no de las intenciones de los padres.* Recordemos que "El camino al infierno está lleno de buenas intenciones". Un padre con buenas intenciones puede transmitir a sus hijos una comunicación distorsionada, contradicción entre mensaje verbal y mensaje en acción, menosprecio, indiferencia ,preferencias de un hijo sobre otro, no cumplir la palabra dada y las promesas, dificultando las relaciones de sus hijos, burlarse de sus ideas, etc..

Muchos padres, también buenos padres, hacen esto debido a las presiones a las que se encuentran supeditados. Otros lo hacen por su propia neurosis, viviendo en primera instancia sus propias necesidades y obviando las de los niños. Karen observó que los niños no responden con pasividad y debilidad ante la indiferencia parental, sino que lo hacen con rabia, que Karen la denomina, hostilidad básica. El hecho de frustrarse conlleva a una respuesta primera de un esfuerzo por protestar por la injusticia.

Algunos niños perciben que esta hostilidad es efectiva y con el tiempo la van convirtiendo en una respuesta generalizada ante las dificultades de la vida. Desarrollan un estilo adaptativo agresivo, diciéndose a sí mismos, *"si tengo el poder, nadie puede hacerme daño"*.

Sin embargo, la mayoría de los niños, saturados de ansiedad, reaccionan casi siempre con el miedo al abandono y a sentirse desprotegidos y desamparados. Por pura sobrevivencia la hostilidad básica puede ser suprimida y así los padres alcanzan la victoria. Si esta actitud parece funcionar mejor para el niño, entonces se consolidará como la estrategia adaptativa preferida (complianza). Se dicen a sí mismos: *"Si puedo lograr que me quieras, entonces no me harás daño"*.

Algunos niños descubren que ni la agresión ni la complianza eliminan la indiferencia parental percibida, por lo que solucionan el problema abandonando la lucha familiar y metiéndose en sí mismos, volviéndose preocupados por ellos prioritariamente. Esta es la tercera estrategia adaptativa. Se dicen: *"Si me repliego, nada me dañará"*.

Teoría del sí-mismo.

Para Horney el self es el centro del ser, su potencial. Si uno ha sido sano, entonces ha desarrollado un concepto preciso de quién es, del "yo" y por consiguiente podrá sentirse libre para impulsar ese potencial de autorrealización.

El neurótico tiene una visión diferente de las cosas. El self neurótico está "escindido" en un self ideal y un self despreciado, un self "especular", aquel que piensa que los demás ven. Cuando el neurótico ve a su alrededor, (de forma precisa o no) creyendo que los demás le desprecian, internaliza esa sensación como si fuese verdaderamente su propia percepción de él mismo. Por otro lado, si además falla de alguna manera, esto lleva implícito que existen ideales ante los que se está sometiendo. El neurótico crea un "self ideal" fuera de sus posibilidades. Nunca podrá alcanzar esos ideales ya que no son propios. Hay que entender que el self ideal no es una meta positiva, todo lo contrario, es irreal e imposible de alcanzar, por lo que el neurótico se oscila entre odiarse a sí mismo y pretender ser perfecto.

Karen Horney definió esta estrecha relación entre los yo ideales y despreciados como *"la tiranía de los posibles"* y a los neuróticos la *"lucha por la gloria"*. La persona sumisa cree que *"debería ser dulce, y sacrificado, una buena persona"*. La persona agresiva se *dice "debería ser un ganador, fuerte y bien reconocido"*. La persona introvertida cree que *"debería ser independiente, reservada y perfecta"*. Y mientras el neurótico vacila entre estos dos self imposibles, se va alienando de su propio yo y cada vez más se retrae más, con lo que tiene muy difícil el poder vivir su auténtico potencialidad.

Idea muy interesante de Karen es cómo criticó la idea freudiana de envidia al pene. Aunque aceptó que esto de hecho podía ocurrir en algunas mujeres neuróticas, estaba muy lejos de ser un fenómeno universal. Sugirió que lo que parecía ser una envidia al pene era realmente una envidia justificada al poder de los hombres en este mundo. De hecho, decía, podría haber una contrapartida masculina a la envidia al pene en los hombres, *la envidia al útero*, significando la envidia que siente el hombre ante la disposición natural de la mujer para poder criar hijos. Quizás por esto muchos hombres quieren que sus apellidos perduren, a través del nacimiento de algún hijo, después de su muerte, siendo esta una compensación por su incapacidad de poder perdurar por ellos mismos.

Las tres estrategias adaptativas de Karen están muy próximas a las de Adler, por quién no cabe duda de que fuera bastante influenciada, pero, son estrategias de propio pensamiento, y llegó a conclusiones similares desde otro abordaje. Tanto Karen, como Adler, Fromm, y otros, han constituido un nuevo pensamiento analítico, llamado neofreudiano. Estos conceptos también se parecen a los Rogers, con lo que es un signo inequívoco de que en sí encierran valor.

La crítica que se puede hacer a Karen Horney es que su teoría está limitada a la neurosis, deja de lado la psicosis, y aunque parece que aísla a la persona sana, para ella todos somos un continuo, un proceso, ya que su trabajo está enfocado al neurótico que hay en todos nosotros. Karen fue terapeuta de Fritz Perls.

Constructos básicos y postulados

1. Principio del optimismo –positivismo.

Horney confiaba en la capacidad del ser humano de cambiar para mejorar; y así adaptarse mejor a su entorno social; además, de que tenía una concepción optimista en lo referente a la evolución humana desde sus niveles pasados. Estaba animada por sus potencialidades positivas del Homo sapiens y creía en lo constructivo de su teoría, debido, a que con el paso del tiempo ayudaría a resolver la neurosis. Como la conducta neurótica es parte fundamental de su modo de pensar, consideraba que descifrar esa clase de conducta favorecería al desarrollo de una sociedad más feliz y saludable. Horney tiene una forma de concebir el problema del crecimiento humano y de la lucha de perfeccionarse a través de la imagen idealizada que se refiere al mandamiento cristiano: "busca ser perfecto".

Su aseveración no está en sentido de ser completamente bueno; sino, más bien lo dice en el sentido de que el que el ser humano debería luchar por ser perfecto, de modo que alcanzara la felicidad y el control de su conducta neurótica. La autora, parte del supuesto de que sin este enfoque, posiblemente la especie humana se hubiese extinguido desde hace mucho tiempo. Hay que resaltar, que no es de manera alguna ingenua; pues, comprendía las repercusiones que tenían los problemas existenciales; los cuales, van a tener una influencia importante en la vida de las personas en su permanente lucha por la perfección.

2. Principio de la estructura de carácter: seguridad y satisfacción.

El ser humano no está exclusivamente gobernado por el principio del placer; sino, por dos principios principales: seguridad y satisfacción. Esta aseveración es la piedra angular de su teoría.

Cada persona va a contar con unas necesidades fundamentales determinadas; las cuales, están relacionadas con el alimento, el descanso, y el sexo. Dichas necesidades deben ser satisfechas. No puede sintetizarse en una sola; por ejemplo, el sexo como lo postula el psicoanálisis ortodoxo. No obstante, todas estas necesidades pueden agruparse bajo la etiqueta de la búsqueda de la satisfacción; las cuales, representan el principio del placer.

A pesar del hecho de que el alimento y el sexo constituyen las necesidades primarias, no van a ser factores decisivos de la conducta humana. El ser humano puede renunciar a la satisfacción de dichas necesidades cuando se halla expuesto a un peligro ya sea real o imaginario. Por lo tanto, la fuerza decisiva para Horney va a ser la necesidad de estar a salvo y libre de temores. Por ende el miedo y la seguridad van a ser los dos polos de las necesidades. El ser humano va a buscar obtener la seguridad y va a tratar de evitar el miedo. No puede gozar de la de la satisfacción de las necesidades a menos que se sienta seguro. El miedo es el enemigo principal de la salud y de la felicidad del ser humano, siendo la búsqueda de la seguridad el principio que rige la conducta del ser humano. La seguridad está muy cerca de la autorrealización y la compensación de Adler.

Horney hace la diferencia entre el miedo y la angustia. Va a conceptuar como miedo a la reacción emocional ante un peligro real; en cambio, la angustia la ve como una reacción ante una situación que subjetivamente es considerada como peligrosa. La falta de aceptación durante el periodo de la infancia va a producir la angustia básica. Además, ve a la angustia como la antítesis del amor.

Con base a todo lo expuesto anteriormente se puede ver que la autora define la fuerza impulsora del ser humano de una forma no instintiva; sino, lo define en términos de la polaridad.

3 Principio del concepto del yo real contra la imagen idealizada del yo.

El ser humano al describirse a sí mismo, va a recurrir a su propio concepto del yo, el cual, puede ser o no una representación exacta de nuestro yo real (es ahí donde, radica su verdadera fuerza). Paralelamente a este proceso, también poseemos una noción más o menos vaga de lo que desearíamos ser, es decir, el yo ideal. Para la persona normal esta distinción se mantiene; empero, para el individuo neurótico, la versión idealizada del yo se adopta como el yo real; lo que se traduce en tensión psicológica y conflictos internos.

A partir del yo real o verdadero, el ser humano va a esperar lograr alcanzar la plena realización de sus potencialidades íntegras tanto como su máximo desarrollo. Para la autora, tal psicodinámica es universal. Empero; para poder lograr la autorrealización de su yo, el individuo debe poseer, o al menos considerar que ha de poseer, un yo idealizado que le sirva de modelo; esto lo lleva a la salud mental. En cambio, el camino a la psicopatología es frecuente que se pase por alto la meta genuina de la autorrealización y entonces se realice activamente conductas copiadas del yo ideal; las cuales, son imposibles de alcanzar; que, representa una imagen ilusoria, falsa y ajena a la realidad y esto, por fuerza, va a producir que se enajene su yo real. De esto va a resultar un conflicto interno, que se manifiesta en forma de conducta neurótica, cuya causa son los vanos intentos por resolver el conflicto.

4. Principio de complementación –conflicto básico.

Para Horney va a percibir a la personalidad en constante flujo; dicho movimiento por lo regular fluye hacia una meta específica. Horney pensaba que, hiciese lo que hiciese el individuo, nunca estaba quieto; pues, el vivir implica estar en movimiento. Según la naturaleza del niño; lo cual, implica lo siguiente: i. experiencias de aprendizaje; ii. Su temperamento; y iii. Sus habilidades. Y por otro lado, está la naturaleza de los padres; los cuales si crean un ambiente hogareño adverso; dará como resultado que la interacción entre niño – padres va a adquirir un patrón fijo de comportamiento; los cuales, son: i.

Cumplimiento y la obediencia de lo que los progenitores desean; es decir, hacer lo que piden y demandan; ii. La agresividad y la resistencia a los deseos de los progenitores, si se sostienen durante un periodo suficiente, también obtendrán los resultados deseados; o iii. La estrategia de escapar, alejarse físicamente. Los cuales, le permiten al infante hacer frente a su amenazador sentimiento de inseguridad.

Estas tres estrategias pueden ser sintetizadas como moverse hacia, contra y lejos de los otros significativas. Estos tres tipos de reacciones a la vida son topológicas; la autora negaba ser en un sentido estricto una tipologista. Horney consideraba conveniente tener una tipología, debido a que ésta va a facilitar el entendimiento de las cosas; va a permitir categorizar conductas, identificarlas rápidamente para hacerlas corresponder con determinada psicoterapia e incluso para poder analizar las reacciones propias que se dan a lo largo de la vida.

La mayoría de las personas utilizan las tres técnicas para resolver las vicisitudes de la vida cotidiana. Sin embargo, es necesario recordar que ninguna persona está por completo libre de conductas irregulares, ya sea de forma franca y abierta neurótica o bien, solo limiten con lo neurótico. Por esta razón, toda persona elige uno de los tres métodos de conducta cuando los conflictos resultan demasiado difíciles de resolver por las vías ordinarias. Empero, hay que hacer notar que la mayoría de la humanidad usa las tres técnicas, aunque, siempre existe la inclinación a preferir y utilizar una sola de ellas cuando la persona se enfrenta a situaciones donde la ansiedad domina; lo cual, es más frecuente de lo que se cree. Es precisamente esta situación del uso compulsivo de una técnica determinada se traduce en conflicto. Por ende, el yo real es incapaz de usar espontáneamente el método más cómodo, basándose en sus capacidades predominantes.

También puede ocurrir un conflicto interno; el cual, surge del conflicto con los otros significativos debido a que la persona posee los tres métodos con iguales fuerzas; por lo cual, aparecen una trivalencia, con lo que la acción cae en un evidente atolladero. Este tipo de conflicto trivalente es poco común, y es considerado más un rasgo neurótico que un patrón de conducta.

Debido al abuso de una de esas técnicas, el ser humano fundamentalmente tiene problemas con el mismo ser humano. Lo que lo lleva prácticamente a tener una serie de conflictos, las ansiedades, las preocupaciones, los cuales, van arrasar la existencia humana. De lo anterior, se desprende que el punto central de la persona son sus relaciones interpersonales de las personas que le rodean y su propia reputación ante los otros significativos. Inclusive no importa que los conozca o no personalmente; solamente le basta que conozca su reputación para generarle ansiedad.

Desde el punto de vista cronológico, la personalidad va a pasar por tres tipos de técnicas de ajuste; las cuales, se van a dar en los siguientes periodos: infancia, adolescencia y adulto maduro, cada nivel de edad queda orientado hacia el correspondiente método. En la infancia el individuo se inclina más a ganar con amor que con hostilidad o aislamiento; es decir, utiliza básicamente el razonamiento: si me amas no me lastimaras. En la infancia utiliza su principal encanto como arma para ganar lo que quiere. Es contra natura que el niño se muestre hostil o aislado por el simple hecho de depender grandemente de los otros significativos para satisfacer sus necesidades. Al llegar a la adolescencia, es probable que la persona dé la impresión de estar actuando agresivamente. Puede mostrarse hostil hacia los padres y en general a las figuras de autoridad. No siendo todavía ni hombre ni niño, el adolescente puede reaccionar contra la gente al buscar el puesto que desea ocupar como adulto. Particularmente durante los últimos años de la edad adulta, es posible descubrir que la técnica de ajuste consiste en apartarse de las personas; lo cual, en este estadio es más notorio que antes. El patrón general de conducta adulta tardía es la segregación y aislamiento. Cualquiera de estas tendencias se vuelve psicopatológica cuando solamente utiliza una de ellas en detrimento de las otras dos.

Las tres tendencias las visualiza Horney como estilos de vida o tendencias neuróticas, las cuales; son glorificados por la literatura, el drama, los padres e incluso de una forma más general, por los portadores de la cultura. Estas tres tendencias llevarían al individuo a la desadaptación social y por ende a la neurosis.

EL SENTIDO DE LA VIDA

Cada época tiene sus neurosis y cada tiempo necesita su psicoterapia. Hoy nos enfrentamos a la frustración existencial. La persona típica de nuestros días sufre de un abismal complejo de falta de sentido, acompañado de un sentimiento de vacío, razón por la cual hablamos de un vacío existencial.

Las personas buscan desesperadamente un sentido a su existencia. El número de suicidios se incrementa porque las personas no pueden descubrir este sentido. Los profesionales, lo mismo que los trabajadores calificados, al escalar posiciones en sus centros de trabajo se quejan de un abismal sentimiento de vacuidad definitiva.

Y siguen multiplicándose los signos de que el complejo de vacuidad adquiere una creciente difusión. En los grupos de encuentro se está cada vez más de acuerdo en que los individuos enfrentan un sentimiento de inconsistencia total que corroe sus vidas.

La explicación de la génesis de este vacío existencial se encuentra en que, contrariamente al animal, el hombre carece de instintos que le digan lo que tiene que hacer y, a diferencia de los hombres del pasado, el hombre actual ya no tiene tradiciones que le digan lo que debe ser. Entonces, ignorando lo que tiene que hacer e ignorando también lo que debe ser, parece que muchas veces ya no sabe tampoco lo que quiere en el fondo. Como resultado tenemos a personas que sólo quieren lo que los demás hacen (conformismo), o bien, sólo hacer lo que los otros quieren, lo que quieren de ellos (totalitarismo).

Además de estas dos secuelas existe una tercera: el neurotismo específico que se ha designado como neurosis noógena. Al contrario de la neurosis que presenta una enfermedad psicógena, la neurosis noógena no se debe a complejos y conflictos en el sentido tradicional, sino a conflictos de conciencia, a colisión de valores y a una frustración existencial que algunas veces puede expresarse bajo la forma de sintomatología neurótica.

Las personas que sufren de este mal tienen satisfechas sus necesidades, lo cual contribuye a hacer aún más acuciante la pregunta de cuál es la condición posibilitante, que debe hallarse inserto en la condición humana, si se admite que el hombre tiende genuinamente a descubrir un sentido en su vida y a llenarlo de contenido.

Aquí es necesario detenerse a contemplar un fenómeno humano que es fundamental: la autotrascendencia de la existencia humana. Con esto quiero indicar el hecho de que en todo momento el ser humano apunta, por encima de sí mismo, hacia algo que no es él mismo, hacia algo o hacia un sentido que hay que cumplir, o hacia otro ser humano, a cuyo encuentro vamos con amor. En la búsqueda de una causa o en su servicio, se realiza el hombre a sí mismo. Cuanto más sale al encuentro de una tarea, cuanto más se entrega a los demás, tanto más es él mismo hombre, y tanto más es sí mismo. Por ello, sólo puede realizarse en la medida a sí mismo en la medida en que se olvida a sí mismo, en que pasa por alto a sí mismo.

Podemos resumir que cuando falta un sentido de la vida, cuyo cumplimiento hubiera hecho feliz a una persona, ésta intenta conseguir el sentimiento de felicidad mediante un rodeo. El sentimiento de felicidad no suele ser la meta de la tendencia humana, sino sólo un fenómeno concomitante de la consecuencia de su meta.

En el momento en que nos preguntamos por el sentido de la vida es señal de que se está enfermo, porque no existe de manera objetiva ese sentido. Y es que ¿acaso podemos dar hoy un sentido al hombre existencialmente frustrado? Podemos darnos por contentos si al hombre de hoy no se le ha arrebatado ya este sentido en virtud de un adoctrinamiento reduccionista. ¿Puede fabricarse un sentido? O es que ¿no hay camino de regreso hacia la ingenuidad y se ha desplomado la escalera por la que hemos venido ascendiendo?

Dar sentido tendría una finalidad moralizante. El bien y el mal no se definirían en el sentido de hacer algo que debemos o no hacer, el bien sería lo que fomenta el cumplimiento del sentido impuesto y pedido a un ser, y malo sería lo que impide tal cumplimiento.

El sentido no puede darse, sino que debe descubrirse. Este proceso de descubrimiento del sentido tiene como finalidad la percepción del todo. Lo que se percibe no es "el todo" que salta ante nuestra mirada desde un "trasfondo", sino que en la percepción – de - sentido se trata del descubrimiento de una posibilidad desde el trasfondo de la realidad.

El sentido debe descubrirse, pero no puede inventarse, lo que se inventa o es un sentido subjetivo, un mero sentimiento del sentido, o un contrasentido. Se comprende que el hombre que no es capaz de descubrir un sentido a su vida, ni tampoco imaginárselo, se inventa, para huir del complejo de vacuidad, o bien un contrasentido o bien un sentido subjetivo. Mientras que el primer caso se da en el escenario, lo segundo acontece en el enajenamiento. Pero en esta embriaguez se corre el peligro de pasar por alto el verdadero sentido, las auténticas tareas que nos esperan fuera, en el mundo.

El sentido no sólo debe sino que también puede encontrarse, y a su búsqueda guía al hombre la conciencia. Esta nos da la capacidad de rastrear el sentido único y singular oculto en cada situación.

La conciencia es uno de los fenómenos específicamente humanos. Pero no es sólo humano, sino también demasiado humano, hasta el punto de que participa de la condición humana y está marcada con su sello, la finitud. Hasta el postrer aliento, el hombre no sabe si ha cumplido realmente el sentido de su vida o si sólo ha creído haberlo cumplido. Vivimos en una época de creciente difusión del complejo de vacuidad. En esta época, debe darse importancia al afinar la conciencia de modo que el hombre preste atención a cada situación. Sentido es, por tanto, el sentido concreto en una situación determinada. Es siempre el requerimiento del momento. Pero este requerimiento está a la vez siempre dirigido hacia una persona concreta.

No existe ninguna situación en la vida que carezca de auténtico sentido. Este hecho debe atribuirse a que los aspectos aparentemente negativos de la existencia humana también pueden transformarse en algo positivo, a condición de que se salga a su encuentro con la adecuada disposición y actitud.

Y, sin embargo, se llega al vacío existencial. El vacío se debe principalmente a que la sociedad de la opulencia sólo satisface necesidades, pero no la voluntad de sentido. La sociedad de la opulencia trae consigo una sobreabundancia de tiempo libre que ofrece, desde luego, ocasión para una vida plena de sentido, pero que en realidad no hace sino contribuir al vacío existencial. La técnica nos ha ahorrado el esfuerzo de emplear todas nuestras capacidades en la lucha por la existencia. Hemos desarrollado así un Estado del bienestar, que garantiza que puede hacerse frente a la vida sin esfuerzo personal.

Al cumplir un sentido, el hombre se realiza a sí mismo. Si cumplimos el sentido del sufrimiento, realizamos lo más humano del ser humano, maduramos, crecemos, crecemos más allá de nosotros mismos. Incluso cuando nos encontramos sin remedio y sin esperanza, enfrentados a situaciones que no podemos modificar, incluso entonces estamos llamados y se nos pide que cambiemos nosotros mismos.

En muchas orientaciones se pasa por alto no sólo el aspecto somatogénico, sino también el noogénico en las enfermedades neuróticas. Pero lo cierto es que las neurosis no enraízan necesariamente en el complejo de Edipo o en el complejo de inferioridad, sino que pueden ser también un problema espiritual, pueden estar fundamentadas en un conflicto de conciencia o en una crisis existencial.

El ser humano tiene raíces mucho más profundas lo que he designado como voluntad de sentido: su esfuerzo por el mejor cumplimiento posible del sentido de su existencia.

¿Acaso no es la felicidad lo que el hombre anhela en su raíz más profunda y original? ¿No es ésa la realidad, y sólo en un momento posterior se añade la obligación de esforzarse por ser digno de la felicidad? El hombre sólo es capaz de autorrealizarse en la medida en que cumple un sentido. Lo que el hombre es, lo es a través de la cosa que hace suya.

Actualmente no existe sólo la frustración sexual, sino también la frustración existencial, es decir, un sentimiento de falta de sentido de la propia existencia. Este complejo de vacuidad alcanza hoy un rango superior al del complejo de inferioridad por lo que se refiere a la etiología de las enfermedades neuróticas. El hombre actual no sufre tanto bajo el sentimiento de que tiene menos valor que otros, sino más bien bajo el sentimiento de que su existencia no tiene sentido. Esta frustración existencial puede ser la causa de enfermedades psicológicas más graves que las que resultan de otras frustraciones.

El hombre existencialmente frustrado no conoce nada con lo que pueda llenar el vacío existencial. La humanidad oscila entre la necesidad y el aburrimiento, hay tiempo libre no sólo respecto de algo, sino también para algo. Sólo que el hombre existencialmente frustrado no sabe cómo o con qué llenar este tiempo.

Normalmente la frustración existencial no es manifiesta sino latente. El vacío existencial puede quedar enmascarado por ejemplo en la enfermedad de los administradores que, llevados en su afán de trabajo, se arrojan a una intensa actividad, de modo que la voluntad de poder reprima la voluntad de sentido. Así los directivos tienen tanto trabajo que no les queda tiempo ni para respirar, y mucho menos para encontrarse a sí mismos. Lo que hacen es huir de sí mismos, entregarse a una forma de configuración de su tiempo que los aísle de su entorno para no tener tiempo y no pensar en el sentido que le dan a sus vidas.

La angustia del vacío se da también en el aspecto psicológico. El ritmo vertiginoso de la vida actual es un intento de automedicación, aunque inútil, de la frustración existencial. Cuanto más desconoce el hombre los objetivos de su vida, más trepidante el ritmo que le imprime a su vida. Esto se refleja en la famosa frase "no sé a dónde voy, pero debo ir rápido".

EL CONCEPTO "AQUI Y AHORA" Y SU IMPORTANCIA EXISTENCIAL

La importancia del concepto del "aquí y ahora" es tanta que vale la pena profundizar en él, y analizar este concepto gestáltico considerado por Perls, unido al "como", como las dos bases de la Terapia Gestalt. La ciencia de la Gestalt es la comprensión de estos dos términos. "Ahora" cubre todo lo que existe. El pasado ya no es y el futuro aún no ha sido. El "ahora" incluye el equilibrio de estar "aquí", es la experiencia, la implicación, el darse cuenta. El "como" cubre todo lo que es estructura, todo lo que ocurre, el proceso continuo. Todo el resto es irrelevante.

Para poder ubicarse en el "aquí y ahora, debemos resolver problemas derivados de diferentes factores.

Factores existenciales.

Son de naturaleza universal, aplicables al ser humano por el solo hecho de existir. No son forzosamente impedimentos para el desarrollo, al contrario, pueden ser de gran ayuda para el individuo, no obstante, por ser muy ansiógenos, con frecuencia el ser humano intenta huir de sus condiciones existenciales, y al hacerlo, éstas se convierten en obstáculos para su desarrollo. El miedo a confrontar la existencia, el propio ser-en el-mundo, generado por la resistencia a reconocer y aceptar las angustiosas propiedades existenciales, constituye el meollo de los obstáculos de naturaleza existencial que impiden el desarrollo de la personalidad, y aunque este miedo es uno, para su mejor comprensión podemos dividirlo en cuatro diferentes tipos:

1. El miedo a reconocer la propia libertad para elegir por parte de la persona.

La libertad, esa capacidad inalienable para elegir el propio camino (dentro de sus limitaciones), esa propiedad irrenunciable, impone una pesada carga sobre el ser humano: la incertidumbre, la angustia de no tener un camino prefijado, la desorientación, la carencia de rumbo, el caos (Bugental,1965; Yalom, 1980; Fromm, 1955). Esta carga angustiosa es a veces tan penetrante que orilla a la persona a que se aferre con rigidez irracional a un estilo de vida en el cual el individuo niega su libertad para elegir y para sorprenderse y descubrirse a sí mismo en el proceso siempre cambiante de ser-en-el mundo. Al optar por la irracionalidad se impide enfrentarse con la aventura de vivir en una forma racional, consciente y total. Sólo si se reconoce a sí mismo como elector y acepta la carga de la incertidumbre podrá trascender la angustia de desorientación y encontrarse consigo mismo de manera consciente, al crear su propia existencia en el aquí y el ahora.

2. Negar la responsabilidad por la propia vida; negarse a firmar el cuadro de la existencia. En tanto el hombre es libre para elegir, es responsable de lo que haga o deje de hacer con su vida.

La responsabilidad existencial amenaza a todo ser humano con el sentimiento de culpa que emana principalmente de todo lo que podría haber sido y no fue, debido a su propia indiferencia. Para escapar de ella es común que el hombre niegue su propia responsabilidad y trate de huir extraviándose a sí mismo en la corriente humana que lo rodea, perdiéndose en el anonimato, fundiéndose en la masa. Pero entre más se pierde, entre más potencialidades desaprovecha mayor es la culpa y de manera paradójica, entre más trata de huir de su responsabilidad, más hondamente se sumerge en el pozo de la culpa. Para romper este nuevo círculo, no existe otra opción que el reconocer la responsabilidad por la propia existencia y aceptar la inevitable culpa, pues al hacerlo, de inmediato el hombre principia a ser lo que es, a descubrirse como un individuo único en la historia del universo y a encontrar su verdadera identidad: él mismo.

3. El terror a aceptarse como un individuo, un ser separado y diferente de los demás; un ser, por tanto, aislado, solo en el Cosmos.

Para escapar del sentimiento de soledad y aislamiento, con frecuencia el hombre trata de negar su individualidad fundiéndose en forma narcisista, incestuosa o simbiótica con otras personas, instituciones o grupos que lo rodean (Fromm, 19550). Al fundirse con el otro para anular su soledad, la persona pierde la capacidad de relacionarse en forma fraternal y amorosa con él, por lo que se siente aún más aislada y extraviada; y para escapar de este sentimiento intenta reforzar más su fusión narcisista, lo que sólo consigue aumentar su desesperación y su dependencia. La opción saludable que le queda para salir de esta encrucijada, es reconocer su aislamiento y aceptar su soledad, pues sólo así podrá trascender su "separatividad" mediante la fraternidad y el amor genuino.

4. La resistencia del individuo a reconocerse y aceptarse a sí mismo como un ser débil, frágil, limitado, expuesto a sucesos impredecibles, incontrolables e incomprensibles que pueden trastornar y aún destruir su vida sin el menor aviso y en cualquier momento; un ser desamparado, vulnerable, finito, y en último término, irremediablemente desahuciado.

El sentimiento de impotencia, de incertidumbre y desamparo es tan devastador que comúnmente la persona intenta huir de él negando su finitud o rebelándose contra ella, destruyendo su propia existencia, su propio ser-en-el-mundo. Entre más se esfuerza la persona en ello más aniquila su potencial parar vivir en plenitud. La única forma de trascender la finitud es aceptarla para poder empezar a vivir con verdadera intensidad en el aquí y el ahora; entonces la existencia se torna creativa, productiva, llena de riquezas y valores inagotables y profundos. Es por eso que aprender a morir es aprender a vivir, y aprender a vivir es aprender a morir.

Factores espirituales.

Las inquietudes más profundas y a la vez más elevadas del ser humano brotan desde su esencia trascendental, su verdadero Yo, su núcleo medular y más íntimo, su auténtico Ser. Ahora bien, si el núcleo esencial de todo cuanto existe es de naturaleza espiritual, entonces sus necesidades más fundamentales deben ser de esta misma naturaleza, y de la satisfacción de ellas dependerá la Suprema Autorrealización, la de "Dios en nosotros".

En la actualidad parece ser que el hombre se ha apartado cada vez más de los métodos tradicionales en esa búsqueda cada vez más impetuosa por satisfacer sus necesidades de encuentro de espiritualidad. Los principales factores para ello son: que vivimos en un sistema tecnológico-industrial comercial que ha mostrado que no sólo es incapaz de satisfacer las necesidades del individuo y procurarle un vida más armónica sino que lo han llevado a angustiarse más, los juegos de poder entre las grandes potencias ante los cuales surge un peligro de extinción total, la pérdida de valores básicos de la sociedad actual que dejan con frecuencia un vacío existencial, el fracaso del cristianismo y la aparición de un fanatismo enajenante. Más específicamente podríamos enumerar los impedimentos a la autorrealización de naturaleza espiritual los siguientes:

1. La desorientación.

La confusión que provoca la existencia de numerosos centros de espiritualidad , la charlatanería y la multitud de opiniones y enseñanzas conflictivas pueden orillar al individuo al consumo de drogas, lo cual no sólo resulta altamente destructivo para el individuo sino que le impide funcionar de modo adecuado en el mundo y desarrollarse espiritualmente en forma natural y espontánea.

2. El fanatismo.

Cuando una persona se aferra en forma neurótica y obsesiva por una creencia de tipo religiosa y se convence a sí misma de que ha hallado lo que siempre había necesitado, lo que en realidad está haciendo es bloquear su desarrollo psicológico, arruinar sus relaciones interpersonales y obstaculizar sus potencialidades espirituales verdaderas y su auténtica trascendencia.

3. La desesperanza.

Cuando las necesidades espirituales de significado trascendente, verdad, bondad, etc. no son satisfechas, aparecen las llamadas metapatologías las cuales en última instancia llevan al ser humano al desgano, a la fatiga, a la torpeza y a la inhabilidad para gozar de la vida. Cuando el deseo de autosuficiencia y significado vital se ve frustrado por la contingencialidad y el sin sentido, el hombre responde despojándose de la responsabilidad por su vida y todo carece de significado. (Maslow, 1971).

4. El escepticismo.

Entre más los seres humanos reprimen o niegan su espiritualidad, más vacíos, se sienten los escépticos (Frankl,1975) y con mayor ahínco intentan llenar su hueco con valores materiales, que jamás serán un alimento adecuado para el hambre lo Infinito. Lo único que alcanzan es a obstaculizar su propia realización

Ahora bien ¿cómo y dónde puede hallar el hombre respuesta a sus inquietudes e interrogantes esenciales?. Según los auténticos místicos de todas las culturas, la Realidad Absoluta es la esencia de todo cuanto existe, pero puede encontrarse principalmente en el Yo, en el propio Ser de cada individuo, pues el meollo del verdadero Sí Mismo, es uno con el Absoluto.

Factores volitivos.

El ejercicio de la voluntad es un elemento indispensable para la realización de cualquier cambio en el curso de la existencia. El ser humano es un ser autoconciente y por ende, libre dentro del marco de sus limitaciones y, aunque existen factores que condicionan su estilo de vida, dentro de esas condiciones, cada quien debe ejercitar su voluntad para decidir el curso de su existencia.
El obstáculo fundamental para el desarrollo del individuo, para su autorrealización, es la negación de lo que es, la no aceptación de la verdad; pero lo que determina esta negación es, en el fondo su propia voluntad, él mismo.

La responsabilidad de la vida de cada persona recae en sí misma, es ella la que no se permite vivir y paladear el gusto por la vida, es la propia persona quien se niega a decirle sí a la vida. Nadie es responsable por no ser lo que no puede ser, pero todos somos responsables por lo que hacemos con nuestras capacidades, por lo que somos en potencia. La infelicidad de la persona radica en que no reconoce el hecho de que no acepta lo que es y que esto es su propia responsabilidad.

La tendencia fundamental del ser humano, su voluntad primaria es la que lo impulsa hacia la autorrealización. La meta de la voluntad transpersonal, la de desarrollar al máximo sus propias potencialidades, influye a todo lo que existe, y el hombre no es la excepción; pero siendo autoconsciente, es libre para oponerse a su voluntad esencial. Entonces ¿por qué el ser humano se opone?. La respuesta es evidente: porque la autorrealización implica autodestrucción; es un proceso, una continua despedida, una muerte perenne. En el proceso de ser está implícito el no ser, la creación continua es, en forma simultánea, destrucción perpetua, entonces lo que frena y obstaculiza el desarrollo pleno es la tendencia a la autoconservación del ego, el no querer reconocer que se rehúsa a darse cuenta de que no acepta los aspectos dolorosos de la verdad. De ahí que la base del cambio positivo se encuentre en reconocer que no quiere reconocer sus negaciones, o cuando menos, en la apertura o disposición a darse cuenta de ello., en aceptar integralmente sus propias resistencias contra la voluntad de ser.

Sin la voluntad para dar el primer paso y para realizar los cambios necesarios para eliminar los obstáculos de todo tipo, todo es en vano, y nos referimos a la voluntad como "el puente entre el deseo y el acto", "el estado mental que precede a la acción", al "motor responsable" a "la fuente primaria de acción". Sólo en la medida en que la voluntad individual esté dirigida hacia el descubrimiento de la verdad, la voluntad transpersonal podrá fluir y conducir al hombre hacia la plena autorrealización.

En la Terapia Gestalt nada existe sin tomar en cuenta el "aquí y ahora". Para que una persona pueda sentir, experimentar el "aquí y ahora", se comienza a trabajar con sus sensaciones. Esta es la dimensión fenomenológica de la Terapia Gestalt, lo que implica que el proceso que una persona experimenta es única y exclusivamente un proceso.

La cultura oriental describe en un proverbio la gran sabiduría que tiene el vivir el momento existencial presente:

No pienses en las cosas que fueron y pasaron.
Pensar en lo que fue es añoranza inútil.
Pensar en el futuro es impaciencia vana. Es mejor que de día te sientas como una chaqueta en la silla.
Que cuando llegue el comer abras la boca.
Que cierres los ojos cuando te llegue el sueño.

La angustia es la brecha entre el ahora y el después. Si estás en el ahora no puedes sentir angustia. Al establecer contacto con el "aquí y ahora" se pierde el contacto intelectual y se llega a la sensación experiencial, liberándose la persona de arrepentimientos del pasado, así como de imaginaciones y expectativas del futuro.

El "ahora", el momento inmediato, el contenido y la estructura de la experiencia presente, es uno de los principios más potentes, impactantes y alusivos de la Gestalt.

Referirse a lo ocurrido en el pasado o lo que ocurrirá en el futuro es una evasión, únicamente en el presente puede una persona tomar contacto con sus emociones bloqueadas y expresarlas. Incluso cuando se trabaja con asuntos inconclusos o duelos no resueltos, las frustraciones o traumas del pasado se relacionan con la experiencia presente de la persona. Estas frustraciones surgen a menudo por medio de una fantasía dirigida en la que la persona revive su pasado en el presente.

EL CICLO DE LA EXPERIENCIA HUMANA

El ciclo de la experiencia es un proceso por medio del cual las personas aprenden a adaptarse a su entorno. Este ciclo puede tener algunas interrupciones. Estas resistencias al contacto conocidas como desensibilizar, proyectar, introyectar, retroflectar, deflectar y confluir, impiden que el ciclo transcurra con normalidad desde su inicio con la sensación y finalice con la retirada/cierre y reposo. Las interrupciones pueden darse en cualquier fase del ciclo: en algunas sesiones las personas que tienen dificultad en sentir la sensación, en otras el bloqueo se produce de la transición entre la sensación y la formación de la figura (proyectar), y en otras la interrupción se da en otros puntos de las interfaces.

Tomando el ciclo como una polaridad desintegración/ integración, y definiendo la integración como un proceso en el que la persona recupera parte de su "self" previamente alienada. Los tres primeros estadios del ciclo (sensación/darse cuenta/ movilización) pertenecen a la desintegración, en la que predomina un darse cuenta de algo externo que representa una parte alienada del "self". En los tres últimos estadios (acción, contacto, reposo) se produce la integración; es aquí cuando la parte alienada se reincorpora a la estructura del "self".

SISTEMAS CONCEPTUALES.

Como se señaló en la introducción a esta unidad, todos miramos al mundo a través de nuestro propio sistema conceptual (o esquema, paradigma, o visión de la vida como también se ha llamado). Un medio de formarnos una idea de las dimensiones o categorías que más usamos.

Es tan difícil para un ser humano comprender el impacto de su propio sistema conceptual como para un pez comprender el concepto del agua. Sin embargo, nuestros planes conceptuales y el agua del pez son igualmente críticos para la supervivencia. Sin un sistema conceptual que simplifique y ponga en orden a nuestras experiencias, estaríamos abrumados, seríamos víctimas indefensas de nuestro ambiente.

Sin embargo, si no reconocemos que nuestras percepciones son hasta cierto punto creadas por nosotros mismos, podemos convertirnos en seres "cerrados", defensivos, e incapaces de obtener beneficios de nuevas experiencias.

Existen cinco razones por las cuales se percibe erróneamente. Estas son las siguientes:

Se ve influenciado por "pistas" que no ha captado, es decir las "pistas" que usted no sabe que ha recibido.

Se reacciona a "pistas" que no vienen al caso para llegar a un juicio.

Se ve influenciado por factores emocionales, o sea lo que agrada es percibido como correcto.

Se da gran valor a las evidencias perceptuales si vienen de fuentes fidedignas.

No se pide identificar todos los factores, o sea, no se da cuenta de la importancia que se le ha dado a un solo factor.

No todo cambio es mejorar, pero toda mejora es cambio. Efectuar mejoras con el funcionamiento de una persona, grupo u organización es efectuar cambios de algún tipo, cambios que son vistos como deseables y buenos, las personas que trabaja para ayudar a otros a lograr cambios deseables en sus maneras de trabajar, de vivir y de relacionarse, pueden limitarse a ser "agentes de cambio".

Todos los que tomamos un curso de técnicas de Modificación de la conducta, somos o seremos agentes de cambio. No bastará con hacernos expertos en definir y resolver los problemas técnicos del trabajo; hay que desarrollar destrezas también en el entendimiento (o diagnóstico) y en la solución de los problemas humanos que confrontamos en el trabajo.

Las emociones: la manera de ser y las valoraciones que afectan a nuestra función de agentes de cambio.

Nos habrán sorprendido a veces nuestras propias reacciones a las maneras de ser de hablar y comportarse de nuestros compañeros en los grupos. También sorprenden los atisbos en cuanto a la manera de ser de uno mismo. Es necesario hacernos progresivamente conscientes de nuestras necesidades, actitudes; prejuicios y temores para darnos cuenta de que estos afectan la disposición, el grado, y la calidad del proceso de ayudar. No hay recetas específicas ni fórmulas aplicables a este proceso, pero si podemos todos aprender a gustarnos mejor como personas; actuar en forma más natural y espontánea, aplicar más eficientemente los conocimientos y destrezas profesionales adquiridas. Una persona cuya función es la de ayudar, si está ejerciendo un razonable control de sí misma, puede hacer una mejor selección de la manera cómo ha de bregar con una situación dada.

¿Cuándo es necesario asumir el rol de ayuda? ¿Cómo se puede lograr? Hay que empezar por diagnosticar el problema humano, para luego inventar y probar o ensayar maneras para resolverlo. Hay una gran tentación siempre de pensar directamente de una dificultad a una solución, sin buscar los factores que están operando en la situación para producir esa dificultad. Encontrar los factores que operan en una situación y el cómo produce la dificultad, es lo que llamamos
"diagnóstico".

Un diagnóstico pobre puede dar lugar a acciones que empeoren la situación en vez de mejorarla, que produzcan nuevas dificultades no previstas aun cuando hayan podido eliminar la dificultad previa, o que no nos enseñan nada aplicable a una situación futura. Algunos de los errores en que caen los agentes de cambio, que conducen a un diagnóstico defectuoso de problemas humanos, son los siguientes:

a) Asumir que hay una solo causa, en vez de múltiples causas, de cualquier comportamiento humano.

b) Asumir que la persona que hace el diagnóstico no es parte del problema o que un diagnóstico preciso puede hacerse sin la inclusión de las personas implicadas en el problema.

c) Asumir que la información disponible es adecuada para diagnosticar; que no se necesita nueva información.

d) Asumir que los diagnósticos precisos pueden hacerse sin acción experimental alguna.

e) Aconsejar (decirle a otro lo que tiene que hacer)

f) Juzgar (Hacer juicios de que algo es bueno o malo)

g) Dar excesiva atención a los acontecimientos históricos, relegando la importancia que tiene el problema inmediato para el cliente.

h) Reaccionar el tono afectivo que se percibe en el cliente.

i) Si analizamos estas maneras tradicionales, encontramos que no se logra a través de ellas ningún crecimiento personal, por lo que de ayuda tienen muy poco, pues sus efectos o los cambios son muy pasajeros o superficiales.

¿Qué es una relación de ayuda? Es cualquier relación de exploración conjunta en un ambiente de confianza en la cual una persona le facilita a otra el crecimiento personal; en que se ayuda a otro a hacerse más maduro, integrado o expuesto a su propia experiencia. Este es un proceso que se debe manifestar en la función del maestro, consejero, médico, enfermera, ministro de culto, trabajador social, psicólogo, promotor de comunidad y otros, y que es la verdadera esencia de quien es padre, cónyuge o amigo.

Generalmente pensamos en este proceso de ayudar como el de persona a persona, pero esta relación se extiende además a grupos de personas. Cada vez que funcionamos como líder en un grupo de personas o nos reunimos con el resto de los directivos o compañeros de trabajo, la interacción tiene un grado de valor positivo o negativo en la dimensión de la relación de ayuda. En otras palabras, una y otra persona en esa relación siempre tiene un influjo recíproco de valor variable.

CAPITULO CUATRO. ASERTIVIDAD

Uno de los elementos importantes en el cambio conductual dirigido hacia el crecimiento de la persona tiene que ver con el comportamiento asertivo, dado que existen comportamientos socialmente competentes y comportamientos autodestructivos que obstaculizan nuestro desarrollo emocional, psicológico, espiritual e intelectual. Los comportamientos sociales no se refieren únicamente a habilidades verbales, sino también involucran una serie de factores que estando presentes en las situaciones, no siempre son percibidos por las personas. Estos comportamientos sociales son el contacto visual, las muestras de afecto, la fluidez verbal, el tono de voz, la postura, la vestimenta, la pertinencia de la conversación, los comentarios del otro, la capacidad de respuesta y la disposición para reconocer el punto de vista del otro a la vez de mostrar los intereses y opiniones propias de las personas.

Cuando se observa a personas en situaciones angustiantes se percibe el movimiento repetitivo de alguna parte del cuerpo, la tensión de las mandíbulas, la perdida de flexibilidad en el cuerpo, entre otros factores. Los movimientos que realizan estas personas y la tensión implícita, también tienden a poner en tensión o nerviosos a los sujetos que interactúan con ellas.

A través del proceso de socialización aprendemos que existen reglas sociales de las distancias adecuadas que debe haber entre las personas, en cada tipo de situación. Por ejemplo, en las juntas de negocios los involucrados no se sientan muy juntos, la separación depende del grupo y el espacio; lo ideal es observar lo apropiado a la circunstancia, según el comportamiento de los demás, si uno se acerca demasiado a la otra persona, ésta retrocederá. El espacio vital de un individuo sólo se rebasa en situaciones familiares o amorosas, también en situaciones como el ir en autobús o en metro, donde las personas se siente incómoda de tener en sus correspondientes espacios a otras personas; por lo que se recomienda no rebasar el espacio vital, el cual en algunas culturas llega a ser más amplio.

En una plática la orientación del cuerpo es casi de frente con cierto ángulo, los brazos y piernas cruzadas denotan ganas de no conversar; cuando es necesario demostrar interés por la del otro, una inclinación hacia adelante será suficiente. El contacto visual es muy importante, sobre todo por el poder que tiene la mirada, difícilmente una persona sostiene mucho tiempo la mirada. Los ojos son amigables o agresivos, según se quieran manejar, cuando se conversa con alguien es necesario entablar contacto visual para indicar los turnos al hablar y el interés por el tema. El que habla mira al que escucha cuando va a terminar de hablar indicándole que llegó su turno, el no mirar suele interpretarse como signo de aburrimiento, además la falta de miradas hace que la conversación se vuelva más lenta al impedir que la otra persona tome su turno para hablar; la mirada constante puede ser sinónimo de agresión, o se puede malinterpretar como una sugerencia amorosa. La sonrisa es una herramienta que generalmente rompe el hielo, pero su uso exagerado puede demostrar falta de tacto. Lo indicado es buscar el equilibrio, y para encontrarlo es posible cometer errores, pero no hay que perder la confianza en sí mismo, cualquier persona puede adquirir este tipo de habilidades, y sobre todo utilizarlas, pues se ha demostrado que quienes las poseen tienen mayores probabilidades de alcanzar un mayor nivel de asertividad.

A. EL COMPORTAMIENTO ASERTIVO.

El comportamiento asertivo es un tipo de habilidad social, es el comportamiento adecuado donde se puede expresar lo que se siente, piensa, cree o se necesita, sin ofender a los integrantes de un grupo, abriendo posibilidades de diálogo y amistad con los demás. Esto implica que no utilizará el comportamiento pasivo cuando lo necesario es expresar lo sentido, pero tampoco el agresivo que haga enemistad con los compañeros. La opción asertiva es saber qué comportamiento utilizar, según la situación.

Existen personas con patrones de comportamiento tímido y ante todas las situaciones actúan de la misma manera, pero no siempre éste es el comportamiento asertivo, existen casos donde lo ideal es huir o retirarse sin siquiera hablar. Por ejemplos cuando en la calle una persona agresiva pretende agredirnos por haber tropezado con él, y en tal circunstancia cualquier palabra puede ser mal interpretada, por ello lo mejor es retirarse rápidamente. Sin embargos existen situaciones donde los derechos de la persona son pisoteados, en esta situación lo correcto no es agredir, pero sí aclarar que se siente.

La mayoría de las personas tiene la idea de ganar y esto no es siempre un comportamiento asertivo. Por ejemplo, los que manejan de manera desesperada por la calle por avanzar más rápidamente, cuando van a encontrar a los mismos carros en el siguiente alto; sólo gastan energía en comportamientos no asertivos. Ser asertivo es mantener la continuidad de los acercamientos satisfactorios y de la dignidad humana, sin que lo más importante sea ganar sino el logro de un comportamiento práctico y benéfico. Por consiguiente una persona asertiva deberá respetarse a sí mismo, respetar a los demás, tanto en su persona como en sus opiniones, ser honesto, oportuno, tener control emocional, saber hablar y saber escuchar, ser positivo, manejar una actitud amistosa con todo el cuerpo.

Ser asertivo constituye una opción de comportamiento que garantiza las buenas relaciones entre las personas que integran los diferentes grupos; tales como los familiares, escolares, laborales, etc. Ahí radica su importancia, además de hacer sentir bien a la persona que lo práctica.

Los principios básicos de la asertividad son saber qué hacer y cómo hacerlo, que son dos cosas muy diferentes. Es fácil decir que el comportamiento asertivo es mejor que el no asertivo y el agresivo, pero ¿cómo reconocer cuál es cuál?, el comportamiento asertivo puede reconocerse por varías características y ciertos tipos de acciones, tales como las siguientes:

1. Respeto por los demás y por uno mismo.

Tratar a los otros con respeto es simplemente considerar sus derechos humanos básicos, que no es el tener condescendencia para no cuestionar lo que otros piensan o hacen; frecuentemente se dan actuaciones pensando que los otros están bien o ellos son mejores simplemente por tener mayor edad, más fuerza o dinero, así incorrectamente existen supuestos como los siguientes:

- Como esposa(o), supongo que debo ceder a los deseos de mi esposo(a).
- Como empleado, supongo que no debo cuestionar la opinión o política de mí jefe y actuar como si estuviera de acuerdo en todo lo que él diga.
- Como niño, no tengo bases para cuestionar la relevancia de ciertas asignaturas escolares.

El que espera que su punto de vista, preferencias o sentimientos tengan automáticamente prioridad, simplemente porque tiene más poder, está confundiendo la condescendencia con el respeto. Muchas personas hacen iguales los conceptos de respeto y de acuerdo, y del no respeto con la pérdida de acuerdo.

El comportamiento asertivo también significa el respeto por uno mismo, esto es, la necesidad de ser el mejor amigo de sí mismo. Ampliando el significado, el respeto por sí mismo es lo siguiente:

- Poner límites al deseo de hacer por otras personas.
- Tener habilidades para evaluar situaciones, distinguiendo los temores imaginarios de las genuinas consecuencias por algún acto en cuanto a las posibilidades.
- Ser realista y no exigirse demandas irrealizables.

- No permitirse herir a otras personas evitando los disgustos consigo mismo.
- Sentirse bien con las habilidades asertivas.

2. Ser directo.

El comportamiento asertivo, como ya se ha dicho, significa comunicar sentimientos, creencias y necesidades directamente y en forma clara; en contraposición al comportamiento no-asertivo y agresivo que son formas indirectas de comunicación. Algo común en el lenguaje mexicano es el uso de "indirectas", esto es parte de un comportamiento no-asertivo. Por ejemplo, si se va con unos amigos en un viaje por carretera y se dice "¿Han pensado en parar en algún lugar?", se está siendo indirecto pues en realidad hay gusto por tomar un pronto descanso. La respuesta puede ser no y la necesidad de descanso, quedará insatisfecha.

Cuando las personas no entienden las indirectas usualmente provoca enojo. En lugar de esto, puede tenerse más fuerza personal con un modo directo. Existe liberación de depender de la habilidad de otros para adivinar lo que se quiere. Comenzar a ser directos puede ser muy difícil, pero es importante decir a los demás lo que se quiere y por qué se quiere. Muchas veces los otros no están en contra de lo querido, pues simplemente no lo saben, porque no se les ha sabido manifestar.

La honestidad asertiva significa expresar verdaderamente los sentimientos, opiniones o preferencias, sin menosprecio de los otros ni de sí mismo. Esto no significa decir todo lo que pasa por la mente o dar toda la información considerada como privada.

Las personas que se hieren a sí mismas mientras expresan sus sentimientos honestamente, están actuando no-asertivamente. Por ejemplo, cuando alguien busca empleo, y le preguntan por qué busca ese trabajo, una respuesta verdadera pero no-asertiva será: "es el único trabajo que sé hacer".

La deshonestidad no-asertiva implica mentir. Por ejemplo, al decir que se quiere seguir platicando por teléfono, cuando en realidad hay cansancio y necesidad de dormir. También hay una honestidad agresiva, cuando se dice lo pensado sin tomar en cuenta lo apropiado de lo dicho o cómo esto puede afectar a la persona con la que se habla. En ocasiones la honestidad agresiva se usa para encubrir a la hostilidad o como un pretexto para perjudicar a los demás.

Algunos tipos de agresión son parecidos a las actuaciones deshonestas, involucran un tipo sutil de deshonestidad, la cual consciente o inconscientemente imposibilita el manejo de la cólera y entonces se encubren los sentimientos personales que difícilmente son aceptados; algunos de ellos son los intereses, los afectos especiales, los enojos, las preocupaciones, etc. Por ejemplo; el señor Guevara le dice a su esposa "No vas a poder trabajar y cuidar la casa, con lo preocupada que eres", cuando en realidad se está escondiendo el temor de que ella pierda interés en su pareja al realizar otras actividades.

Toda comunicación, por definición involucra al menos dos personas y ocurre en un contexto particular, así una comunicación asertiva, al igual que cualquier otra, necesita un espacio un tiempo, un grado de firmeza, una frecuencia y la definición de la naturaleza de la reacción. Cuando se expresa algo inapropiado en este contexto, la comunicación puede acercarse a la agresión o serlo totalmente, o simplemente perder efectividad, el espacio es donde la comunicación tiene lugar, usualmente se considera que es mejor un lugar privado que un público.

Las personas que usan un tiempo apropiado para decidir cuándo ser asertivos, consideran los intereses y sentimientos de los demás; generalmente las personas gustan de finalizar diciendo lo que ellos piensan, cuando se interrumpe a otros, ellos pueden pensar o sentir que no hemos estado escuchando. En ocasiones las interrupciones pueden interpretarse como un juego de poder, o como el querer dominar a otros.

Bajo ciertas circunstancias puede ser apropiado interrumpir, como cuando alguien está monopolizando una discusión o cuando se quiere hacer alguna pregunta clarificadora de lo que la otra persona está diciendo. El tiempo apropiado significa ser sabedor del estado emocional de la otra persona.

Es posible incrementar la efectividad de la comunicación asertiva, haciéndola cuando sea fácil para las otras personas responder a ella. Por ejemplo, es más efectivo discutir sobre el salario con la persona que contrata en el momento de la entrevista inicial, que esperar hasta después de estar trabajando y cobrar una cantidad determinada.

Cuando hay alteración emocional, es mejor dar tiempo y evitar acarrear más problemas; esto no significa esperar "el tiempo perfecto', en algunos casos esperar este momento, significa esperar un tiempo **muy** largo.

La firmeza en las declaraciones puede también afectar el impacto de las mismas. En general utilizar la firmeza es adecuado cuando la otra persona ignora persistentemente su asertividad, y así viola derechos particulares.

La asertividad no significa hacer el mismo tipo de comunicación con todas las personas, ni en todo el tiempo. Hay trato con muchas personas diferentes día con día. Por ejemplo, el jefe, los padres, el bebé, un extraño en la calle, los compañeros, la pareja, los hijos; así, una comunicación asertiva debe tomar en cuenta tanto lo que se quiere decir, el momento y sobre todo la relación con la otra persona.

El entusiasmo es una cualidad valiosa, así como la repetición. Se pueden usar para enfatizar algún punto, aunque hay que tener cuidado, pues es fácil extralimitarse. Si existe un uso indiscriminado del "yo quiero", puede darse la impresión que sólo hay interés en lo querido como persona y no se consideran a los demás.

3. El lenguaje corporal.

También es importante la comunicación de mensajes a otras personas, pues no es sólo lo dicho sino cómo se dice lo cual se ve en la manera de relacionarse con las personas y en la forma como ella reacciona a lo dicho. Por ejemplo, decir simplemente, "No estoy de acuerdo contigo" puede comunicar diferentes mensajes, dependiendo del lenguaje corporal usado. Recuérdese negativamente las relaciones con familiares a los que no les hacemos saber nuestras necesidades y pensar que los demás no tienen la obligación de adivinar cuáles son esas necesidades.

4. Cambiar de opinión.

Cambiar de opinión es recomendable. Toda persona tiene derecho a cambiar de opinión, pueden no hacerlo constantemente sin embargo las circunstancias pueden hacer variar o el punto de vista al enriquecerse con información adicional.

5. Cometer errores.

Como todo ser humano, no se es perfecto, por lo cual existe el derecho de cometer errores. Lo cual no implica que se cometan una y otra vez, si no se aprende de los errores, los demás tienen derecho a molestarse con tal persona.

6. Sentirse culpable.

Cada persona tiene sus necesidades y responsabilidades y no es de los demás. Existe la obligación de no ceder a la petición de alguien si los propios compromisos lo permiten, y no debe haber culpabilidad por rechazar peticiones; igual en el caso contrario, no tienen la obligación y debe aceptárseles su negativa y entender las razones de querer atender las propias necesidades.

7. Decir lo que se quiere.

Todos los seres humanos tienen necesidades y el derecho a pedir lo necesitado, así sea información, ayuda, objetos. No debe confundirse el pedir con el exigir, como ya se explica, deben señalarse las necesidades en forma directa, clara, de buen modo y sin dar lugar a enojos o malos entendidos.

8. Establecer las propias prioridades y tomar las propias decisiones.

Existe el derecho a tomar decisiones por sí mismo, a valorar lo conveniente para sí mismo, a buscar las oportunidades y estímulos que se quieren. El tomar decisiones propias conlleva el aprender a responsabilizarse por sus consecuencias, a tomar en cuenta que no siempre son las adecuadas, implica trabajar para que se logren. El imponer las decisiones a los demás es no tomar en cuenta el derecho de los otros para tomar sus propias decisiones.

9. Calma y tiempo para pensar.

Las mejores decisiones se toman con tiempo. Las prisas llevan a tomar decisiones de las cuales es posible arrepentirse. Existen decisiones tan importantes que hay derecho a pedir tiempo para reflexionar

10. Obtener calidad.

En este mundo comercial existe el derecho a recibir lo comprado; la calidad deberá ser buena, la mercancía se recibirá puntualmente según lo acordado. En un restaurante está el derecho a recibir una comida en excelentes condiciones de higiene y presentación, así como a revisar la cuenta; se tiene la responsabilidad de expresar nuestros desacuerdos o dudas con firmeza, muchas veces los vendedores o meseros no cometen errores intencionales, debe quedar claro que la queja por fallas en los productos o servicios, no es contra las personas, este derecho asertivo es una responsabilidad que ayuda a mejorar los servicios y productos, por esto después de haber recibido críticas o sugerencias, los vendedores o servidores están en la obligación de revisar si el error se refiere a un único producto o es defecto de línea, de organización o de algún lugar que deban corregir.

Cuando se da, hay derecho a pedir reciprocidad, no a exigir. Pues las personas no están obligadas a corresponder, el pedir a las personas la correspondencia por los sentimientos no hace ser interesado, sino sólo un humano que busca las condiciones ideales para relacionarse.

La decisión de hacer uso o no de los derechos es sólo individual. Así como la responsabilidad de asumir las consecuencias de cualquier acto propio. Por lo cual es difícil ser asertivo siempre.

Existe el derecho a estar solos, leer, reflexionar, oír música, escribir, o sólo pensar; este tiempo es indispensable para el crecimiento de cualquier ser humano, no se puede desligar de la cultura y el espacio real en el cual se convive.

11. Sentirse bien consigo mismo.

Todo ser humano debe luchar por sentirse bien, disfrutar los actos, el trabajo, valorar los logros, justificar los errores, así como desear ser mejores. Cada individuo es diferente y tiene diferentes expectativas y gustos, por lo consiguiente cada quien debe buscar sentirse bien consigo mismo.

12. Ser feliz.

El sentirse bien consigo mismo es un paso para ser feliz. Un ser satisfecho con sus logros es un ser positivo que genera relaciones positivas sin contraponer sus metas con los derechos de las demás personas. Conviene pensar positivamente sobre lo que se hace, se quiere y poco a poco lograr disfrutar de la vida. En toda persona hay periodos difíciles, y cuando evita que le invada el miedo, la ansiedad y la impaciencia, entonces se generan las condiciones para que piense en mejores soluciones y pueda continuar disfrutando de la vida.

La utilización equilibrada y coherente de los derechos asertivos ayudará a tener la felicidad, lo cual implica hacer felices a los demás, favoreciendo amistades y generando afecto de familiares y compañeros de trabajo

B. VENTAJAS DE LA PERSONALIDAD ASERTIVA

Se presentan algunas ventajas de ser asertivos:

- Tener la capacidad de defender los Propios derechos dando cabida a los intereses y derechos de otras Personas
- Ser honesto con sí mismo y con los demás y poder de comunicar las opiniones de manera directa.
- Ser auto afirmativo sin dañar el cariño de los demás. Mantener conversaciones con amistades y familiares
- Ser capaz de desarrollar las capacidades individuales conservando el respeto y la valoración de los demás.
-

EL COMPORTAMIENTO ASERTIVO, NO-ASERTIVO Y AGRESIVO

1. A manera de caracterización.

El comportamiento asertivo implica firmeza para demandar los derechos, expresar los pensamientos, sentimientos y creencias de un modo directo, honesto y apropiado y sin violar los derechos de otras personas. La asertividad tiene más relación con el respeto que con la complacencia manifestada cuando se da la razón o preferencia a determinada persona, simplemente por ser de más edad, más fuerte, más experimentado o de distinta raza o sexo.

Existen dos tipos de respeto involucrados en el comportamiento asertivo; el respeto por sí mismo, que se expresa al manifestar las necesidades de sí mismo, defender los propios derechos y el respeto por los demás en cuanto a sus derechos y necesidades. En cierta forma la meta del comportamiento asertivo es la comunicación y la reciprocidad; esto es, conseguir Y dar respeto, tener y pedir honestidad y poder convenir un acuerdo para terminar un conflicto entra las necesidades y derechos de dos o más grupos. En estos acuerdos las personas no sacrifican sus derechos básicos, pero sí consiguen satisfacer algunas de sus necesidades. Por ejemplo, en la familia puede existir un tiempo para realizar los deberes de la casa y otro en donde la actividad lúdica tiene la prioridad.

Es frecuente confundir a la asertividad como una manera de conseguir lo que se quiere y esto por tres razones. Primero por el énfasis en el éxito por lograr metas, lo cual también puede reforzar la pasividad de las personas al pensar que aunque actúen asertivamente no obtendrán lo deseado. Segundo, frecuentemente no se toma en cuenta los derechos de una de las partes y se toman únicamente los propios, lo que posibilita el uso de métodos agresivos y, tercero, porque existen argumentos manipuladores para conseguir lo que se quiere, lo cual puede generar una conducta irresponsable.

El comportamiento no- asertivo implica la violación de algunos derechos de la otra persona, por no expresar sentimientos honestos o creencias de manera firme, lo que trae como consecuencia la violación y la descalificación de ideas y sentimientos- El mensaje implícito del comportamiento no - asertivo es el siguiente: Yo no cuento- tú puedes tomar ventaja de mí, mis sentimientos no importan sólo los tuyos; mis ideas tampoco son válidas; las tuyas son las únicas que vale la pena oír.

El comportamiento agresivo le corresponde el reclamo de los personales, la expresión de ideas, sentimientos y creencias de un modo generalmente deshonesto e inapropiado.

2. Componentes no-verbales del comportamiento asertivo, no asertivo y agresivo.

Los componentes no-verbales de estos comportamientos son muy importantes, si tomamos en cuenta que la mayoría de nuestra comunicación es del tipo no-verbal. Por ejemplo, considerar cómo decir "Me gustas", puede hacerse con palabras sinceras o simplemente cambiando el tono de voz, por la expresión del rostro o por los ademanes corporales. Así, estos comportamientos se expresan de manera verbal y no-verbal.

En el comportamiento asertivo, los componentes no verbales son congruentes con el mensaje verbal, apoyando la fuerza y el énfasis a lo dicho. la voz tiene un volumen apropiado a la situación; el contacto visual es firme, la postura corporal denota fuerza; el lenguaje es fluido, claro y enfatiza las palabras clave.

En el comportamiento no-asertivo, los componentes no verbales incluyen un contacto visual evasivo, los movimientos corporales y de las manos muestran nerviosismo, los hombros están caídos, las manos pueden cubrir la boca, la voz es baja, el lenguaje no es fluido y poco claro, y en general se tiene a suavizar lo que se dice para que la otra persona no se ofenda.

Por último, en el comportamiento agresivo se encuentras los componentes no-verbales, y son los que dominan o intimidan a otras personas. Aquí se incluye un contacto visual que trata de hacer bajar la vista del otro y dominarlo, la voz es estridente, fuera de lugar, se usa un tono sarcástico o condescendiente y los gestos corporales se caracterizan por un señalamiento constante con los dedos.

3. Algunos motivos para actuar asertivamente.

El poder, la aceptación y aprobación de las personas es el principal resultado que obtiene las personas que frecuentemente no es asertiva. Las personas suelen tener lástima, que no aprobación, de quiénes no son asertivos; después esta lástima se convierte en irritación y finalmente en disgusto, una razón de peso es que el comportamiento asertivo incremento el respeto por sí mismo, y se logra una sensación de bien estar; también, el comportamiento asertivo conlleva un sentimiento de auto-confianza, lo cual reduce la inseguridad y vulnerabilidad, otra razón es que la asertividad puede acercar a las personas y tener relaciones emocionalmente más satisfactorias con los demás, y finalmente, otro motivo es el siguiente: si bien es cierto que la asertividad en ocasiones permite alcanzar las metas y ganar, esto es visto como la maximización de posibilidades para que ambas partes puedan -al menos parcialmente- alcanzar sus metas.

4. Motivos por los cuales las personas actúa no asertivamente.

Existen por lo menos cinco razones por la que se da el comportamiento no-asertivo, los cuales se enumeran a continuación:

Primero. Es por la incapacidad de distinguir la asertividad de la agresión y la no-asertividad de la cortesía. Para muchos individuos la asertividad firme suena como agresión, debido a que sus experiencias de aprendizaje han provocado que no distingan una de la otra. Lo cual también tiene sus implicaciones culturales, pues en éste ámbito no existe una diferenciación categórica de la asertividad firme y la agresión, por lo que la inhabilidad de los individuos al respecto, puede ocasionar que los impulsos asertivos espontáneos sean severamente controlados.

Segundo. Muchas personas actúan no- asertivamente bajo la idea equivocada de pensar ese comportamiento como cortés y considerado. A este tipo de personas posiblemente se les haya enseñado que no es cortés finalizar una llamada cuando la otra persona es quien llama primero; estar en desacuerdo con personas mayores o de un status más alto o rehusar la comida en casa de alguien.

Tercero. La incapacidad para aceptar los derechos personales es una de las razones por las cuales las personas actúan no- asertivamente, es decir, muchas personas no aceptan que tienen derecho de expresar sus reacciones, el de mantenerse por si mismas y el de considerar sus propias necesidades emocionales. Con frecuencia se piensa que no se está calificado para expresar cierta clase de sentimientos tales como: dolor, angustia, desacuerdo, etc. y en ocasiones se llega a pensar que no deben poner los sentimientos en primer término.

Cuarto. La ansiedad generada por las consecuencias negativas que pudieran ocurrir por un comportamiento asertivo. Tanto porque los familiares o amigos se sientan heridos en sus sentimientos al ser asertivos, como por no poder ayudarlos sacrificando por ellos cuando esto es sentido de manera obligatoria.

Quinto y último. La no- asertividad es consecuencia en muchas ocasiones, de la ignorancia del cómo actuar de otra manera. El aprendizaje de ciertas habilidades asertivas es una necesidad, sin embargo, no todos los sujetos han tenido la oportunidad de hacerlo.

CAPITULO CINCO. LOS EFECTOS DE LA AUTOESTIMA

INTRODUCCION

Una vez que se ha realizado una introspección seria donde el análisis de uno mismo lo haya llevado a tener una imagen genérica, es necesario empezar a construir o a reconstruir nuestra propia imagen o si se quiere, nuestra personalidad. Las bases para el crecimiento personal que esto implica están dadas por la autoestima y por nuestro proyecto de vida. En este capítulo exploramos estos dos elementos que son vitales para iniciar una larga jornada hacia la felicidad y la autorrealización.

Se ha considerado comúnmente que el éxito y la superación del hombre en la realización de sus actividades cotidianas, están ligados estrechamente con sus características y cualidades personales. En efecto, es probable que cada individuo piense que se encuentra bien adaptado a su medio y que tiene una personalidad ampliamente desarrollada. Quizá sólo algunos sean los que no quieran modificar algo de sí mismos para mejorar constantemente.

Sin embargo, hay ocasiones en que el ser humano se siente inadaptado ante situaciones imprevistas o totalmente nuevas, reaccionando también en una forma inesperada; deseando, posteriormente, comprenderse mejor a sí mismo para reaccionar de manera adecuada, o por lo menos no tan bruscamente.

Los teóricos de la modificación de la conducta han discutido sobre la posibilidad o no de modificar la personalidad y aunque muchas personas creen que no se puede hacer nada para cambiarla, la experiencia demuestra que pueden estar equivocadas.

Sin duda que si se intenta modificar características o atributos físicos que impacten negativamente a la persona ello será imposible. No obstante, en aspectos de personalidad existen varios de ellos que son susceptibles de modificar.

Conocerse a sí mismo y sentirse satisfecho consigo mismo son dos factores trascendentes para el desarrollo de la personalidad del ser humano; así como para alcanzar la madurez de su comportamiento. En ese sentido, la autoestima hace referencia a cómo se siente una persona y qué opina acerca de sí misma, así como el valor que ésta se atribuye. Está ligada estrechamente con la aceptación que la persona recibe por parte de las personas que la rodean.

AUTOESTIMA

La autoestima en el ser humano es como la "plataforma" de identidad, proyección y desarrollo que se requiere para alcanzar la plena expresión de sí mismo en el transcurso de esta vida tan acelerada y modernizada. También tiene mucho que ver con la forma en la que aquél se relaciona con sus semejantes, pues sólo estará bien con ellos cuando logre estar a gusto consigo mismo.

Existen realidades que no se pueden evadir, una de ellas es la importancia de la autoestima. Independientemente de que se admita o no, no podemos estar indiferentes a nuestra propia evaluación. Sin embargo, puede uno correr de este conocimiento si se siente incómodo. Se puede evadir, declarar que solo se está interesado en asuntos "prácticos", y escapar a través de los eventos cotidianos de lo que significamos para nosotros mismos.

La autoestima es una necesidad humana básica y fundamental. Su impacto no requiere ni de nuestro consentimiento ni de nuestro entendimiento. Esta trabaja con o sin nuestro conocimiento. Uno es libre de capturar la dinámica de la autoestima o permanecer inconsciente de ella, pero en este último caso se convertirá en un misterio para nosotros y no sabremos cuáles serán las consecuencias de su efecto.

Por autoestima debemos entender esa experiencia que es apropiada en la vida y para los requerimientos de la vida. La autoestima es la confianza en nuestra habilidad para pensar, confianza en nuestra habilidad para enfrentar los retos básicos de la vida; y confianza en nuestro derecho a ser exitosos y felices, el sentimiento de valor y merecimiento que permite satisfacer nuestras necesidades y deseos, alcanzar nuestros valores y disfrutar de los frutos de nuestro esfuerzo.

La autoestima no es regalo que tan solo necesitamos pedir. Por el contrario, es una posesión que representa un logro. Confiar en nuestra mente y conocimiento de que uno es capaz de ser feliz es la esencia de la autoestima. El poder de esta convicción acerca de uno mismo descansa en el hecho de que es más un juicio o un sentimiento. Es una inspiración de nuestra conducta.

Al ejercitar mi habilidad para pensar, trayendo la conciencia apropiada a mis actividades, mi vida funciona mejor. Ello refuerza la confianza en mi mente. Si yo desconfío de mi mente, tenderé más a ser mentalmente pasivo, a ser menos consciente de mis necesidades y actividades y menos persistente ante los problemas y dificultades que me presente la vida.

Una alta autoestima busca el reto y la estimulación de metas dignas demandadas. Lograr esas metas nutre de buena autoestima. La baja autoestima busca la seguridad de lo familiar y de lo que no requiere de nuevos conocimientos o esfuerzos para enfrentar o comprender. Lleva a la confinación de una persona a un entorno igual y no demandante que propicia una disminución en la autoestima.

En la medida en que es más sólida nuestra autoestima estamos mejor equipados para enfrentar los problemas que surgen en nuestras vidas y carreras profesionales; es más fácil levantarnos y recuperarnos después de una caída; y tenemos y dedicamos mayor energía a una nueva actividad.

Al tener una alta autoestima nos volvemos más ambiciosos no necesariamente en el sentido profesional o financiero, sino en el mejoramiento continuo de nuestra vida y desarrollo como seres humanos (intelectual, emocional, creativa y espiritualmente).

Con una baja autoestima, nuestras aspiraciones son pocas y ponemos menos de nuestra parte a alcanzarlas convirtiéndose en una pauta autoreforzadora y autoperpetuadora.

Entre más alta es la autoestima, somos más abiertos, honestos y apropiados en nuestra comunicación porque creemos en el valor de nuestros pensamientos por lo tanto, deseamos la claridad en lugar de evitarla. El deseo de expresarnos a nosotros mismos es mayor y es reflejo de la riqueza interna.

Entre más baja es la autoestima, somos más callados, evasivos e inapropiados en nuestra comunicación por la incertidumbre acerca del valor de nuestros pensamientos y sentimientos y por la ansiedad acerca de la respuesta de las otras personas. También es mayor la necesidad de probarnos a nosotros mismos o de olvidarnos para vivir mecánica e inconscientemente.

En la medida en que es alta nuestra autoestima, se está más dispuesto a nutrirse de las experiencias de los demás en lugar de seguir con relaciones tóxicas, la razón es que la salud en las relaciones interpersonales llama a salud. La vitalidad y la expansión de los otros es vista como apropiada para la persona con alta autoestima en lugar de verla como un factor de vacío y dependencia.

Maslow dice que "sólo se podrá respetar a los demás cuando se respeta uno mismo; sólo podremos dar cuando nos hemos dado a nosotros mismos; sólo podremos amar cuando nos amemos a nosotros mismos". Los científicos del desarrollo humano como Eklkins, Rogers y Bettelheim, entre otros, aseguran que la autoestima ha sido, es y será la parte fundamental que conduce al hombre hacia la plenitud y al autorrealización en la salud física y mental; en la expresión de sí mismo como ser creativo y productivo.

Sin embargo, el hombre está más preocupado por observar, examinar y organizar todo lo que le rodea, que solucionar sus propios problemas y modificar su comportamiento para reencontrarse consigo mismo y vivir en armonía con el mundo. "El hombre tiene la capacidad para elegir la actitud personal ante cualquier reto, o un conjunto de circunstancias y así decidir su propio camino. Lo que el hombre llega a ser lo tiene que ser por sí mismo. Se ha llamado a la autoestima la clave del éxito personal, porque ese "si mismo", a veces está oculto y sumergido en la inconsciencia o en la ignorancia".

A. AUTOCUMPLIMIENTO DE LAS PROFECIAS

La autoestima crea un conjunto de expectativas acerca de lo que es posible y apropiado para una persona. Estas expectativas tienden a generar las acciones para convertirlas en realidades. Y las realidades confirman y fortalecen las creencias originales. La autoestima – baja o alta – tiende a ser un creador o generador del autocumplimiento de las profecías. Tales expectativas pueden existir sólo en la mente de la persona como una visión subconsciente o semiconsciente del futuro. Nuestros supuestos explícitos acerca del futuro afectan poderosamente la motivación, de hecho, la imagen del futuro de una persona puede ser un mejor predictor de su logro futuro de lo que puede ser su desempeño en el pasado.

Mientras que una inadecuada autoestima puede limitar severamente las aspiraciones individuales y logros, las consecuencias del problema son demasiado obvias. Algunas veces las consecuencias se muestran de formas más indirectas. El tiempo en que una bomba puede estar avanzando a su momento de explosión puede hacerlo silenciosamente debido a la pasión con que una persona ejerce su habilidad genuina para enfrentar sus problemas, pero puede emerger en cualquier momento, cuando la persona sin ninguna necesidad empieza a tomar atajos morales o legales, en su ansia de demostrar su dominio personal. Cuando llega a cometer violaciones flagrantes diciéndose a sí mismo que esta "más allá del bien o del mal" como si desafiara su propia suerte. Solamente al final , cuando su vida o su carrera termina en desgracia y ruina, puede uno ver cuantos años se ha estado moviendo hacia el final empujado por un guion de vida inconsciente que pudo haber empezado a escribirlo a temprana edad. Cada uno de nosotros conoce a alguien que encaja bien en esta descripción y son ejemplo de profecías autocumplidas. Un prestigiado psicólogo mexicano Santiago Ramírez escribió que "infancia es destino" yo diría que "autoestima y auto concepto es destino". O más precisamente, éste tiende a serlo.

Nuestro auto concepto es lo que consciente o inconscientemente pensamos que somos - nuestros rasgos, nuestras habilidades y defectos, nuestras posibilidades y limitaciones, nuestras fortalezas y debilidades-. El auto concepto incluye o contiene nuestro nivel de autoestima, pero es más global. No podemos entender la conducta de una persona sin entender el auto concepto detrás de ella.

En formas menos espectaculares pero las personas se sabotean ellas mismas en la cumbre del éxito. Lo hacen cuando el éxito se estrella contra sus creencias implícitas acerca de lo que es correcto y de lo que es incorrecto para ellos. Es atemorizante estar colgado en el abismo más allá de la idea de lo que uno cree que es o que puede hacer. Si el auto concepto no se puede acomodar a un nivel de éxito dado, y si el auto concepto no cambia, es predecible que la persona encontrará formas de autosabotaje.

La autoestima es una necesidad básica sin la cual nuestra personalidad se haría añicos y no existiríamos como somos. Si el poder de la autoestima deriva del hecho de que es una necesidad profunda necesitamos preguntarnos ¿qué es una necesidad? Una necesidad es aquello que se requiere para nuestro funcionamiento efectivo cono personas sanas. No solamente queremos agua o comida, *las necesitamos*.

Sin embargo, así como necesitamos nutrientes biológicos, también requerimos nutrientes psicológicos. La autoestima es una necesidad análoga al calcio que necesita nuestro organismo para no tener problemas degenerativos de los huesos, si carecemos de ella en un alto grado no vamos a morir necesariamente, pero si estaremos incapacitados en nuestra habilidad para funcionar como personas.

Decir que la autoestima es una necesidad es decir que proporciona una contribución esencial al proceso de vida, que es indispensable para un desarrollo normal y saludable y que tiene un valor de supervivencia

Debemos hacer notar que algunas veces la carencia de autoestima puede llevarnos a una ruta que conduce a la muerte, como por ejemplo al caer en adicción a drogas, suicidio, delincuencia organizada, etc.

Un principio de relaciones humanas es la tendencia a sentirnos más cómodos, más en casa, con personas cuyo nivel de autoestima es similar al nuestro. Los opuestos se pueden atraer en otros factores, pero no en la estima individual. A continuación describimos algunas de las características de las dos posiciones extremas de la autoestima.

B. AMOR

No es difícil ver la importancia de la autoestima para tener éxito en la arena de las relaciones afectivas. No existe más grande barrera para la felicidad romántica que el miedo a no ser merecedor de amor y afecto, el creer que el destino es ser herido. Estos temores dan origen a las profecías autocumplidas.

Si una persona disfruta de un sentido fundamental de eficacia y de ser digno, y ella experimenta el "yo" como capaz de ser amado, entonces tiene un fundamento para apreciar y amar a otros. La relación de amor tiende a sentirse como algo "natural"; la benevolencia y cariño se sienten naturales. La persona tiene algo que dar; no está atrapada en sentimientos de deficiencia, tiene un "exceso" que puede canalizar en el amor. La felicidad no lo pone en un estado de ansiedad. La confianza en su competencia, valor y habilidad para ser apreciado también lleva la nacimiento de profecías autocumplidas.

Pero si la persona carece de respeto y no disfruta de cómo es, tiene poco para dar, excepto sus necesidades no satisfechas. En su empobrecimiento emocional, tiende a ver a otras personas esencialmente como fuentes de aprobación o desaprobación. No se les aprecia por quienes o como son por su propio derecho, sino sólo por lo que ellas pueden o no hacer por la persona. Se busca a personas a quien admirar y con quien compartir la aventura de la vida y que no la condenará y quizás quedará impresionada por su forma de ser y por la cara que presenta al mundo. La forma de amar siempre estará subdesarrollada por lo que intenta establecer relaciones interpersonales que fracasan - no porque la visión de un amor romántico o apasionado sea intrínsecamente irracional, sino porque la autoestima requerida para soportarlo está ausente.

Muchos hemos escuchado la observación "si no te amas a ti mismo, no serás capaz de amar a otros". Menos entendida es la otra parte de la historia. Si una persona no se siente merecedora de amor, es difícil creer que alguien la amará. El sentimiento de pobreza de espíritu permanece dentro de nosotros y minará los intentos de establecer relaciones interpersonales adecuadas. La persona podrá querer amar, lo intentará, pero los fundamentos de su inseguridad interna y secreta están en la creencia de que se está destinada al dolor, por ello se elegirá a otra persona que la abandonará o rechazará para cumplir la profecía. O si elige con quien puede ser posible ser feliz, se subvierte la relación afectiva demandando una seguridad excesiva, desarrollando una posesión irracional, haciendo catástrofes de pequeñas fricciones, buscando el control y la dominación, encontrando formas de rechazo a la pareja antes de que la otra parte pueda rechazarla.

Cuando existe la inseguridad estamos ansiosos al existir disonancia entre nuestro conocimiento que es cuestionando y los hechos perceptibles, entonces recurrimos al sabotaje y alteramos los hechos. Así entramos en lo que se conoce como patrones autodestructivos. Sí yo sé que mi destino es no ser feliz, no debo permitir que la realidad me confunda al darme felicidad. No soy yo el que debo ajustarme a la realidad, es la realidad la que debe adaptarse a mi profecía.

La ansiedad de felicidad es muy común. La felicidad puede activar una voz interna diciendo que yo no la merezco o que no va a durar por lo tanto hay que evitarla. Lo que se requiere es el coraje de tolerar la felicidad sin autosabotaje hasta que llegue el tiempo en que perdamos el temor y nos demos cuenta de que la felicidad no va a destruirnos.

C. AUTOESTIMA EN EL CENTRO DE TRABAJO

La autoestima en el centro de trabajo es esencial para tener éxito en las promociones, relaciones interpersonales, realización del trabajo, motivación de los trabajadores y toma de decisiones en asuntos problemáticos a cualquier nivel.

Los trabajadores con baja estima mueren por su propia mano, pensando que están en control de las situaciones y temiendo o esperando la destrucción de fuerzas y fuentes desconocidas. A todos temen y de todos esperan que se produzca algún hecho que les afecte. El no estar en control de sus propios sentimientos los lleva a situaciones de desperdicio de talento, de capacidad y de oportunidades de mejores puestos y mejores niveles de retribución.

La envidia autodestructiva es otro de los elementos importantes a descubrir en el lugar de trabajo por los efectos nocivos que tiene sobre la integración grupal. Esta clase de envidia es producto de un sentido empobrecido del "yo". El desarrollo y el logro profesional bloquean y amenazan con exponer la vacuidad de la persona, se piensa que el mundo verá lo malo que es la persona lo insignificante que es (aunque no sea verdad, la persona se siente de esa manera). El signo más representativo de baja autoestima es la necesidad de percibir a otros del grupo como personas inferiores. Un hombre cuya noción de "poder" es llegar al nivel de "dominación sexual" a personas del sexo opuesto es un hombre asustado por las capacidades de la mujer, asustado por la habilidad de seguridad, asustado de la vida.

Cuando la ilusión de la falsa autoestima descansa en el frágil apoyo de nunca haber sido retado por la vida, cuando la inseguridad encuentra evidencia de rechazo cuando el rechazo no existe, entonces solo es cuestión de tiempo para que explote la bomba. La forma de explosión es una conducta autodestructiva – el hecho de que uno puede tener una extraordinaria inteligencia no es ninguna protección de que la bomba no explotará.

Cuando una persona se mueve principalmente por temor, más tarde o más temprano existirá un evento que propicie una calamidad. Si uno teme la condena de una conducta, uno se conduce de una manera que elicite la aprobación de los demás y se convierte en una veleta que navega a donde el viento de la opinión de los otros lo lleve. Si tememos al enojo eventualmente haremos enojar a las personas.

D. LA AUTOESTIMA REQUERIDA

A veces se nos pregunta si es posible tener autoestima en exceso. La respuesta es no. No es posible, así como no es posible tener una salud física en exceso tampoco lo es tener una salud mental. Lo que sucede es que a veces la autoestima es confundida con la arrogancia o el egocentrismo, pero estas características reflejan no una alta autoestima sino una muy baja autoestima. Una persona con un buen nivel de autoestima no se engancha en situaciones en las que pretende sentirse superior a otros, no busca probar su valor midiéndose contra un estándar comparativo ante los demás, pues ella sabe lo que vale. Disfruta siendo lo que es, no siendo mejor que otros.

Las personas con baja estima a menudo se sienten mal ante personas con alta autoestima y se sienten incómodos y dicen que, "ellos tienen demasiada autoestima" "pero en realidad están haciendo una declaración acerca de ellos mismos. Las personas inseguras se sienten más inseguras en la presencia de una persona muy segura de sí misma.

La autoestima representa también una evaluación continua de sí mismo, una convicción de distinguir entre lo que se puede y lo que no se puede ser y hacer. La autoestima se aprende, pero este aprendizaje no se da de la noche a la mañana. Para conocerla y desarrollarla es imprescindible que el ser humano siga cierto proceso, conocido generalmente como la escalera de la autoestima, cuyos pasos (o fases) están determinados de forma implícita por las palabras que se han utilizado en la definición del término.

En efecto, palabras como: conocer, comprender, aceptar, valorar y respetar, están íntimamente ligadas al proceso porque, como se verá más adelante, el hombre es el único ser en la tierra que tiene como privilegio una conciencia, la cual le permite buscar, elegir, modificar y decidir lo que para él es significativo. Además cuenta con la posibilidad de examinar y reflexionar sobre su vida, al igual que enmendar o corregir su comportamiento.

1. AUTOCONOCIMIENTO

Al primer paso se le denomina autoconocimiento. Consiste precisamente en que la persona conozca todas las partes que la conforman como tal, como un ser biopsicosocial con necesidades e intereses, como habilidades, reacciones y manifestaciones que puede manejar, desempeñando un papel dentro de la sociedad. Significa que la persona conozca cómo actúa, cómo siente y por qué lo hace de esa manera. Como ya se mencionó, el hombre está integrado por tres partes que definen lo que es y lo que tiene como unidad biopsicosocial: primero la parte física, que es el organismo por adentro y por fuera, cuyo cuidado y atención le permiten desarrollar sus capacidades motoras. La parte psíquica, que se divide en lo emotivo, la mente y el espíritu; en lo emotivo, por medio de los estados de ánimo, los sentimientos y las emociones, el individuo se da cuenta de que existe, y reacciona de diversas formas ante distintas circunstancias; en lo mental, el sujeto se concientiza de que cuenta con talentos como la percepción, la intuición, el intelecto, la razón y la voluntad, para "explotarlos" y manejarlos positivamente; y en lo espiritual, el ser humano conoce profundamente su parte más interna y dinámica que lo impulsa a tener fe, creencias y vocación, a ser creativo y buscar un sentido a su vida para estar totalmente identificado consigo y trascender. En la tercera parte de lo social, debe saber cómo se expresa y relaciona con los demás, a través de los papeles que desempeña en la sociedad, al igual que tener una idea del impacto que provoca su comportamiento en ellos.

Así se debe entender que el hombre es una unidad que tiene que cuidar sus tres partes para desarrollar sus capacidades y tener la posibilidad de lograr lo que desea ser y hacer. Conocerse real y profundamente es el camino que conduce a tener una personalidad saludable, creativa y exitosa; la persona que se conoce y se ama es capaz de desplegar sus potencialidades hasta alcanzar la autorrealización.

2. AUTOCONCEPTO

El auto concepto es el segundo "escalón" de la escalera de la autoestima y está relacionado con la imagen que cada ser humano se forja sobre sí mismo. Es el conjunto de creencias acerca de sí mismo, manifestadas en la propia conducta; en el transcurso de la vida, cada persona aglutina una serie de imágenes que lo conducen a creer que es de tal o cual manera.

Por ejemplo, existen personas que creen vehementemente que no son aptas para realizar ciertas actividades, aun cuando tengan las cualidades para ello, y otras que confían firmemente en sus capacidades para lograr todo en la vida. Las primeras conforman un auto concepto limitado o negativo y las segundas una autoimagen positiva.

La forma de percibir el auto concepto, origina una serie de conductas que caracterizan a éste, y su manejo y variación incidirán en el cambio de conducta de un individuo. Por eso las personas no deben identificarse con un auto concepto limitante o negativo, no pueden vivir tratando de aferrarse a una autoimagen que les provoque ansiedad o depresión, sino cambiar sus creencias e ideas para encontrar el bienestar físico y mental.

3. AUTOEVALUACION

La tercera fase que constituye a la autoestima se denomina autoevaluación o autovaloración, la cual se puede llevar a cabo con el propósito de tener una mejor visión de la personalidad, y el conocimiento que se obtenga le permite al hombre modificar, sí es necesario, cualquiera de los atributos distintivos de la misma. Por medio de la autovaloración se puede dar cuenta del grado de desarrollo de las cualidades personales y de la propia conducta.

Autoevaluarse con el objeto de mejorar es un paso que implica el análisis de los distintos rasgos de la personalidad y de las relaciones humanas; esto no resulta fácil pero es indispensable pues con ello se estará en posibilidad de resolver objetiva y adecuadamente las situaciones que se afrontan en la vida cotidiana y favorecer el autodesarrollo.

Asimismo, para analizar la conducta propia se tiene que observar y examinar con detenimiento a los demás, de tal manera que se identifiquen las conductas y los rasgos personales, tanto atractivos como inadecuados. Este tipo de experiencia sirve al individuo para adoptar un mejor sistema de comportamiento.

En este sentido, existen ciertas premisas para realizar la autovaloración. En primer lugar, es imprescindible considerar que el comportamiento normal de cualquier persona determina su calidad como individuo; y no olvidar nunca que los factores físicos, emotivos e intelectuales son importantes en la conformación de la personalidad.

En segundo término, debe hacerse la distinción entre el comportamiento característico de las personas y su conducta situacional. Cuando un individuo ocasionalmente se muestra agresivo o confuso y no está reaccionando como lo hace usualmente, muestra un comportamiento que no es considerado como básico en su persona; al mismo tiempo que los demás pueden tomarlo como fundamental en la valoración que hagan de dicho comportamiento.

En tercer lugar, la autoevaluación no siempre es sistemática, realizándose varias ocasiones en forma espontánea: cuando un estímulo hace que una persona se dé cuenta de su realidad, ya que está provocado por un determinado acontecimiento; como el de buscar un empleo que implica valorar las cualidades que se ajusten al mismo y para lograr un buen desempeño.

En última instancia, la aplicación más concreta de la autovaloración se verá condicionada por las tendencias del que quiera evaluarse a sí mismo, sustentadas éstas por su sistema de valores, su filosofía personal, así como por el estilo de vida que tiene.

Como se puede notar, la autoevaluación implica una gran capacidad interna para valorar las cosas como buenas sí lo son para la persona (sí le permiten crecer y realizarse como tal) o como malas (sí le dañan o no le permiten crecer). Esta evaluación es realizada siempre desde un punto de vista subjetivo, donde estar a gustó consigo representa escoger lo que al hombre le gratifica, es decir, construir el camino que lo conduzca a ser una auténtica Persona que comprende sus vivencias y las de sus semejantes, que entienda lo valioso que es existir. En sí misma, la autovaloración es un proceso que dura toda la vida.

4. AUTOACEPTACION

A la cuarta fase que fundamenta la autoestima se le llama autoaceptación y consiste en aprender a aceptar con orgullo, sinceridad y honestidad las cualidades y habilidades personales; al igual que las debilidades y limitantes sin llegar a sentirse menos importante que los demás. Esta aceptación involucra la confianza que se debe tener en sí mismo (como ser biopsicosocial) para actuar realmente como se quiere, haciendo a un lado la reprobación o el reproche de otros, siempre y cuando no se les haga daño con dicha actuación.

En otras palabras la autoaceptación es identificar y admitir todo aquello que permite al hombre ser y hacer como tal, todo aquello que siente y que piensa, con la finalidad de crear o transformar su propio derrotero para lograr el éxito en todos los ámbitos de su vida.

AUTORESPETO

El quinto paso en el proceso de la autoestima es el de autorrespeto, significa las necesidades propias para atenderlas y satisfacerlas adecuadamente, con base en un sistema de valores que poco a poco se va estructurando y consolidando. También significa manifestar en forma controlada sentimientos y emociones para buscar los medios que ayuden al ser humano a sentirse orgulloso sin provocarse daño ni provocarlo a los demás.

Sólo en la medida que el hombre se respete a sí mismo respetará a los demás y, a su vez, recibirá el respeto de sus semejantes, en una constante valoración de lo que representa no ser mejor o peor, sino solamente diferente a todos los demás.

AUTOESTIMA

La autoestima es el último escalón de la escalera en el que confluyen todos los pasos anteriores: se entiende que un individuo tendrá autoestima si se conoce bien y tiene la firme convicción de ir cambiando para mejorar; si estructura su propio sistema de valores y se ocupa de poner en práctica las capacidades que hereda y adquiere; si se acepta y respeta tal como es y lo que desea lograr para realizarse como persona.

A través de los papeles que desempeña, de los actos que realiza, de su conducta en general es como una persona se va conociendo y es como va identificando, aceptando y respetando a las demás. En unas palabras, auto estimarse conduce al hombre a estimar a los demás.

Finalmente, es muy probable que si las personas conocen y siguen los planteamientos de este proceso, paso a paso, consigan una plena expresión de sí mismas y sentarán las bases para vivir saludables y felices, sin menoscabo de la actividad que realicen. El compromiso consigo mismo y con los demás le abre la posibilidad al ser humano de darle significado a la vida, de trascender y de proyectarse positivamente. 1. Autoestima alta y baja

La autoestima puede considerarse como un estado mental del hombre; es la manera como se siente y lo que piensa sobre sí mismo y los demás, y se le puede medir por la forma como actúa. Por ende, la autoestima no es un estado rígido o inflexible, sino que cambia en función de las experiencias y los sentimientos personales. Asimismo, afecta por completo todas las actividades que el individuo realiza y lo "refleja" ante todas las personas que entran en contacto con él.

Todas estas premisas conducen a afirmar que la autoestima puede ser alta o baja: cada persona nace con la capacidad de generar acciones y sentimientos positivos, pero también es posible que cada uno aprenda a no amarse a través de las experiencias en la vida y del trato con los demás.

Autoestima alta

La autoestima elevada implica tener un sentido positivo del valor inherente que cada quien tiene como persona, y la clave para alcanzarla es la disposición y convicción que el sujeto tenga para responsabilizarse de sus sentimientos, deseos, pensamientos, aptitudes, atributos, intereses y actos, adoptando la confianza suficiente para ello.

Cuando una persona sienta o perciba adecuadamente su valor propio estará en condiciones de apreciar y respetar el valor de las demás, transmitiéndoles esa confianza; estará dispuesta a compartir, comprender y amar; sentirá que es importante y tendrá mucha fe al tomar decisiones.

Esto no quiere decir que la autoestima alta sea siempre un estado de éxito total y constante. Todos los seres humanos atraviesan momentos difíciles en la vida –abrumadores incluso -, que les hacen perder el equilibrio y poner en duda la misma existencia. Estos momentos de crisis son considerados como un desafío por quienes tengan autoestima alta, saliendo más rápido de ellos con éxito y más fortalecidos, ya que los tomarán como posibilidades para conocerse todavía más y promover cambios en su personalidad.

Muchas personas anhelan superarse, lograr la autorrealización, pero siempre corren el riesgo de entrar en terrenos desconocidos que les causen dolor, miedo, ansiedad o inseguridad. Precisamente, un medio para acrecentar la autoestima es que se esté dispuesto a cambiar, abrirse a nuevas posibilidades y retos que proporcionen un punto de vista diferente para encontrar satisfacción.

Autoestima baja

Actualmente no es nada fácil transcurrir la vida con un alto sentido del propio valor como persona; pues existen múltiples factores que entran en juego como son: experiencias infantiles traumáticas, reproches y menosprecio provenientes de la sociedad, engaños y "pisoteos". Estos factores pueden ocasionar sentimiento de *inferioridad* y una *pobre* autoestima en cualquier ser humano.

Desgraciadamente todavía existen muchas personas que viven con una baja autoestima y piensan que no valen nada o que no son importantes y refuerzan estos pensamientos con un sistema negativo de creencias, hasta el grado de autodevaluarse y convertir todo ello en un "estilo de vida". Obviamente que las repercusiones físicas, psicológicas y sociales en dichas personas no se harán esperar.

Desconfianza, soledad, aislamiento, apatía e indiferencia hacia sí mismo y hacia los que le rodean, son características que acompañan a este tipo de sujetos; son temerosos ante "los problemas" se bloquean y tienden mucho a despreciar a sus semejantes.

Concluyendo, es un error negar la importancia de la autoestima en nuestras vidas, pero también lo es darle una importancia mayor a la que realmente tiene. En su entusiasmo acerca de los productos positivos de la autoestima, se han exagerado su importancia y algunos psicólogos anuncian sus cursos de autoestima como una cura para todo mal de nuestra actual sociedad. Obviamente, la autoestima no es la panacea para todo propósito.

Existen otros elementos complementarios que son importantes y tiene un gran impacto en nuestras vidas y que se relacionan con la autoestima, tales como el nivel de energía, la inteligencia, la motivación, el motivo de logro, un buen desarrollado sentido de disfrutar de la vida.

Y con esa base, estas dos grandes capacidades; la capacidad de amar y elegir. "Solo podemos respetar, dar y amar a los demás cuando nos hemos respetado, dado y amado a nosotros mismos" (A. Maslow)

CONCLUSIONES

El proyecto de vida individual es fundamental para aumentar la autoestima y representa para la persona una posibilidad o alternativa, acorde a sus necesidades reales de entenderse y aceptarse en cuanto a sus sentimientos y reflexionar en torno a sus resultados. Esto representa la vitalidad para planear su vida y vivir con calidad, a la vez que permite obtener el equilibrio entre la familia, la sociedad y el trabajo; mejorando además en sus relaciones interpersonales, recordando de este modo lo importante que es analizar el proceso que se da en el círculo de la conciencia, que va de la sensación o percepción de los acontecimientos hasta la intención y acción a fin de verificar en lo cotidiano y de disfrutar lo que se quiere y lo que se obtiene como resultado de una acción real y concreta en la vida diaria.

Por ello es vital el sentido de la responsabilidad y la actitud que se toma a la hora de elaborar un proyecto de carácter personal, cuyo beneficio en primer orden es el crecimiento individual, representado por una actitud orientada al cambio positivo y permanente; donde el campo propicio para ejecutarlo es el potencial creativo con que cuenta cada ser humano.

CAPITULO CINCO

EL AUTOCONTROL

Los principios de la modificación de la conducta describen las relaciones legítimas entre las varias condiciones ambientales y la conducta.

1. En una situación de grupo, es virtualmente imposible observar, las ocasiones en que se presenta la respuesta-objetivo.

2. Los a personas que administran las contingencias pueden convertirse en una señal para la ejecución de la conducta objetivo debido a su asociación con el reforzamiento y el castigo. La conducta puede efectuarse sólo en presencia de quienes administraron los reforzadores.

3. Puede ser que no se efectúen las conductas, en situaciones en las cuales los a personas externos estén administrando el reforzamiento, ya que el paciente puede discriminar fácilmente las diferentes contingencias a través de las situaciones.

4. Algunas veces los individuos actúan mejor cuando se les permite contribuir con la planeación, escoger las

conductas que van a efectuar, que cuando se les imponen las contingencias.

Muchos de los problemas por los cuales el individuo busca terapia, están vinculados con eventos privados o interiores, como los pensamientos, las imágenes, las fantasías, las alucinaciones y los sueños, que no son "observables" para nadie más que para el individuo que las sufre. Las respuestas operantes públicas, las respuestas privadas pueden ser alteradas si se varían las consecuencias que las siguen.

La función del terapeuta es enseñar al paciente a alterar su ambiente y servirse a sí mismo como su propio terapeuta. Las técnicas del autocontrol son útiles para cambiar la conducta en el escenario real en el cual se encuentra el problema.

El objetivo de la modificación conductual es entrenar a un individuo para que controle su propia conducta y logre los objetivos seleccionados por el mismo. Los programas de modificación conductual varían en el grado del control que la persona tiene sobre las contingencias y sobre la administración de las consecuencias reforzantes o punitivas. Para iniciar el programa es esencial el control externo de alguna forma.

Los facilitadores entrenan a los pacientes para que ejerzan autocontrol haciendo las recomendaciones dándoles consejos firmes, elogios sistemáticos y retroalimentación; todo esto forma parte de las influencias externas sobre la conducta del paciente. Probablemente, después de que se enseñen las consecuencias que seguirán a las conductas, el paciente mismo alterará las nuevas conductas a través de diferentes situaciones, cuando se complete esta etapa final se habrá logrado el autocontrol.

Autocontrol en la vida cotidiana.

Skinner observo que los individuos controlan su propia conducta en la vida diaria con una variedad de técnicas. Se llama autocontrol a aquellas conductas en las que el individuo se ocupa deliberadamente para lograr resultados seleccionados por él mismo. El individuo mismo escoge los fines u objetivos y lleva a cabo los procedimientos para alcanzar esos objetivos. Puede haber presiones externas que atañen al individuo, tales como la influencia o coerción de los padres, de los compañeros o de la pareja conyugal para que se controlen ciertas conductas. Sin embargo, para que se califique como autocontrol, el individuo debe por sí mismo encomendarse a obtener el objetivo y aplicarse él mismo los procedimientos.

Por lo general se emplea la noción de autocontrol, para referirse a la regulación de las conductas que tienen consecuencias conflictivas o sea, que resultan tanto en un reforzamiento positivo como en castigo. Hay dos casos donde las consecuencias chocan; en el primero, las consecuencias punitivas son demoradas. Las conductas que quedan dentro de esta categoría incluyen el comer, fumar, beber alcohol y tomar drogas en exceso. Por ejemplo, el comer excesivamente resulta en el reforzamiento positivo inmediato derivado del alimento. Sin embargo, se retardan las consecuencias aversivas como consecuencias de comer con exceso, tales molestias físicas, la obesidad y el ostracismo social, concomitante del exceso de peso. En el segundo caso, las consecuencias aversivas o potencialmente aversivas que siguen la conducta sin inmediatas y las consecuencias reforzantes, si es que están presentes, son demoradas. Las conductas dentro de esta categoría incluyen los actos heroicos, altruistas y caritativos.

Desarrollo del autocontrol

Se presume que el autocontrol es una conducta que se aprende de una forma muy semejante a la de otras conductas. Como cualquier otra conducta, el autocontrol puede ser específico a situaciones particulares o, hasta cierto grado, general a través de muchas situaciones.

En el inicio de crecimiento humano a un niño le controlan la conducta los a personas externos, como padres y profesores, quienes establecen criterios y proporcionan las consecuencias por la ejecución. El reforzamiento positivo se entrega cuando el niño alcanza el criterio, mientras que el castigo (o falta de recompensa) se aplica a la ejecución que queda por debajo del criterio.

La investigación de laboratorio ha mostrado que los patrones en la formación de criterios y del autorreforzamiento pueden transmitirse en formas consistentes a esa interpretación. Los individuos expuestos a modelos que han obtenido estándares de logros bajos, tienden a recompensarse a sí mismo muy elevadamente por una ejecución mediocre.

TÉCNICAS DE AUTOCONTROL.

Los patrones de autocontrol de la conducta, pueden desarrollarse mediante las técnicas de modificación conductual para conseguir fines terapéuticos específicos. Hay cinco técnicas principales que se pueden entrenar en un individuo para que controle su propia conducta. Las técnicas son *el control de estímulo, la autoobservación, el autoreforzamiento y el autocastigo, la autoinstrucción, y el entrenamiento de respuesta alterna.*

Control de estímulos

Las consultas específicas se efectúan en presencia de estímulos determinados. Hay tres tipos afines de problemas conductuales que resultan del control de estímulos que el paciente desea cambiar. El fumar cigarrillos puede estar bajo el control de muchos estímulos, tales como el levantarse en la mañana, tomar café, platicar con amigos, estudiar y estar solo. El objetivo terapéutico es eliminar el control que estos estímulos ejercen sobre el fumar. Segundo, algunas conductas no están controladas por un rango reducido de estímulos y tal control sería deseable. Los estudiantes que difícilmente estudian no tienen a menudo un ambiente determinado asociado con el estudio. El objetivo terapéutico en desarrollar el control de estímulos sobre la conducta de estudiar. Tercero, algunas conductas están bajo un control de estímulos inapropiados.

Generalmente, el empleo del control de estímulo requiere que el terapeuta consulte, inicialmente, con el paciente para explicarle los principios del aprendizaje y varias técnicas útiles para controlar su conducta.

Autoobservación

Se puede mejorar el control de la conducta mediante la observación de la propia conducta.

La mayoría de las personas no está enteramente consciente del grado en que ellos se ocupan en varias conductas. Las conductas habituales son automáticas. Cuando se les brinda la oportunidad de observar su propia conducta cuidadosamente, suceden cambios impresionantes a menudo. La autoobservación es efectiva en tanto que iniciaba otra acción por parte del individuo. El acto mismo de observación puede ser reforzante o punitivo. Aunque no está del todo claro por qué la autoobservación es efectiva, se ha aplicado extensamente como una técnica de terapia.

Hay un número de estudios que muestran que la autoobservación no afecta a la conducta. Actualmente aún no está claro por qué la autoobservación altera la conducta en algunas situaciones pero no en otras.

Autorreforzamiento y autocastigo

Cada vez se usa más como una técnica de autocontrol el proporcionarse uno mismo las consecuencias punitivas o reforzantes.

El requisito principal para el autoreforzamiento es que el individuo esté en libertad para recompensarse a sí mismo a cualquier hora, ya sea que ejecute o no una respuesta particular.

Las aplicaciones del autoreforzamiento se utilizan dos procedimientos diferentes. Primero cuando el individuo determina los criterios para el reforzamiento se le denota como un reforzamiento autodeterminado. Segundo, el individuo administra los reforzadores por sí mismo se le denota como un reforzamiento autoadministrado.

En otra técnica de autocastigo, el paciente se imagina tanto la conducta que desea disminuir como las consecuencias aversivas.

Cuando ésta sea vivida puede entonces imaginar una consecuencia aversiva asociada con la conducta. A este procedimiento se le llama sensibilización encubierta porque se conduce el tratamiento enteramente en la imaginación del paciente.

Aparte del componente punitivo se incluye el reforzamiento negativo. Se alejan los eventos aversivos cuando el individuo abandona la situación. Se ha empleado la sensibilización encubierta para alterar las conductas de homosexualidad, de obesidad, de fumar y las conductas obsesivo-compulsivas.

Autoinstrucción

Las frases dirigidas hacia uno mismo han sido consideradas importantes para controlar la propia conducta. Los enunciados autoinstructivos que generalmente son privados o secretas, se evidencian algunas veces en la vida diaria cuando un individuo "piensa en voz alta" y describe el curso de una acción en particular que él cree debe continuar.

El entrenamiento en autoinstrucciones se ha utilizado directamente para desarrollar el autocontrol. Se entrena al individuo a que controle su conducta haciéndose sugerencias y comentarios específicos que guían su conducta de una forma semejante a la que se usaría un a personas externo para instruirlo.

Se utilizó el entrenamiento autoinstruccional con niños "impulsivos" e "hiperactivos".

El entrenamiento de autoinstrucción también se ha usado para entrenar a pacientes esquizofrénicos. **Entrenamiento de respuestas alternativas:**

Es el entrenamiento a un individuo para que se ocupe en respuestas que se refieran o reemplacen a la respuesta que se va a controlar o eliminar.

Se ha usado ampliamente el relajamiento como una respuesta incompatible con la ansiedad y una alternativa para ésta.

Se ha usado el relajamiento aplicado para vencer la ansiedad hacia el sexo opuesto, para el miedo asociado con el parto natural, para la ansiedad asociada con hablar en público y con las entrevistas y para inhibir la tendencia a exhibirse a uno mismo.

Consideraciones importantes sobre las técnicas de autocontrol.

En cada una de las estrategias de autocontrol antes examinadas se requiere que un a personas externo o facilitador inicie el procedimiento. Por lo menos se entrenó al paciente brevemente en las técnicas y principios. Algunas veces el entrenamiento requiere de un número de sesiones en las que el individuo consulta con el terapeuta.

Recordaremos que el requisito para el autoreforzamiento es que el individuo pueda administrarse el reforzador a cualquier hora, para cualquier respuesta que él crea conveniente.

Actualmente, no está claro hasta qué grado un individuo puede llevar a cabo los aspectos de las contingencias, sin que haya un control externo por parte de otras personas. Se debe considerar al autocontrol como una cuestión del grado en que el control externo es mínimo o intermitente.

Aplicación contingente de las consecuencias:

En verdad, si el individuo "flaquea" aunque sea sólo una vez bajando los estándares para el autoreforzamiento o administrándose el reforzador sin haber efectuado la respuesta-objetivo, será reforzado por ignorar la contingencia. El efecto será incrementar la probabilidad de violar la contingencia.

Rango de aplicación de las técnicas del autocontrol:

La aplicación de las técnicas de autocontrol origina preguntas importantes que aún quedan por resolverse antes de que los procedimientos puedan usarse ampliamente. No obstante, aun en esta temprana etapa del desarrollo, los procedimientos del autocontrol representan medios prometedores para ayudar a un individuo a que tenga cada vez más control sobre su propia conducta. Ya que la meta de un individuo sea eliminar la conducta debilitante o desarrollar conductas socialmente apropiadas, se puede adquirir el autocontrol para lograr el fin.

Conclusión.

La autoobservación requiere que el individuo mantenga un cuidadoso registro de la respuesta objetivo. El autoreforzamiento y el autocastigo requieren que una persona se aplique a sí misma ciertos eventos consecuentes a la conducta. El aspecto crucial del autoreforzamiento o del castigo es que el individuo está en entera libertad de servirse el reforzador o de no aplicarse el evento punitivo de acuerdo a su decisión personal. El entrenamiento autoinstruccional desarrolla patrones para instruirse uno mismo acerca de cómo comportarse. El entrenamiento de respuestas alternativas requiere que un individuo se ocupe en una respuesta que interfiera o reemplace a la respuesta que el paciente desea controlar.

Existen dos limitaciones potenciales de las técnicas de autocontrol: primera, debido a que el paciente mismo tiene completo control sobre las contingencias es posible que él no se apegue a ellas. Un segundo problema, es saber si se puede entrenar a un amplio rango de poblaciones para que usen los procedimientos en autocontrol.

GLOSARIO

Autocastigo: Aplicarse uno mismo consecuencias punitivas contingentes a la conducta.

Autocontrol: Se refiere a las conductas a las cuales un individuo se somete deliberadamente para lograr resultados autoseleccionados al manipular los eventos antecedentes y consecuentes.

Autoobservación: Evaluar o registrar la conducta propia. Algunas veces se utiliza como una técnica de autocontrol.

Autoreforzamiento: Administrarse uno mismo consecuencias reforzantes contingente a la conducta. Para que tenga cualidad de autoreforzamiento, el sujeto debe ser libre para tomar el reforzador a cualquier hora sin importar si se efectúa o no una respuesta en particular.

Castigo: Es la presentación de un evento aversivo o la eliminación de un reforzador positivo contingente a una respuesta que decrementa la probabilidad de tal respuesta.

Conducta: Es cualquier respuesta o acción observable y mensurable de un individuo. (Los términos "conducta" y "respuesta" se usan como sinónimos).

Conducta-objetivo: Es la conducta que se alterará o que se enfocará durante un programa de modificación conductual. Es la conducta evaluada y que se cambiará.

Conducta operante: Es la conducta emitida y controlada por sus consecuencias.

Contingencia: Es la relación entre una conducta (la respuesta que se va a cambiar) y los eventos (consecuencias) que siguen a la conducta. Algunas veces una contingencia también específica a los eventos que preceden la conducta.

Coverante: Es un evento privado, como un pensamiento, fantasía o imagen, que no es "observable" para nadie más que para el individuo al que le ocurre. A los eventos privados se les puede considerar como respuestas que pueden alterarse al variar las consecuencias que las siguen. *"Coverante"* es una contracción de "covert" (cubierto, privado) y "operante" (operante).

Estímulo: Es un evento mensurable que puede tener un efecto sobre la conducta de un individuo.

Evitación: Ejecución de una conducta que pospone o aleja la presentación de un evento aversivo.

Reforzamiento: Es un incremento en la frecuencia de una respuesta cuando a ésta la sigue inmediatamente una consecuencia en particular. La consecuencia puede ser la presentación de un reforzador positivo o la supresión de un reforzador negativo.

Reforzamiento negativo: Es un incremento en la frecuencia de una respuesta que es seguida por la terminación o eliminación de un reforzador negativo.

Reforzamiento positivo: Es un incremento en la frecuencia de una respuesta seguida por un reforzador positivo.

CAPITULO VI. GOBERNAR LA AFECTIVIDAD

Me encuentro en un inmenso mundo de objetos sensibles y espirituales que conmueven incesantemente mi corazón y mis pasiones. Sé que tanto los objetos que llego a conocer por la percepción y el pensamiento, como aquello que quiero, que elijo, produzco, con que trato, dependen del juego de este movimiento de mi corazón. De aquí se deduce para mí que toda especie de autenticidad o falsedad y error de mi vida y de mis tendencias, depende de que exista un *orden justo y objetivo* en estas incitaciones de mi amor y de mi odio, de mi inclinación y de mi aversión, de mis múltiples intereses por las cosas de este mundo, y de que sea posible imprimir a mi ánimo este *ordo amoris*.

Max Scheler

Los sentimientos y emociones (afectividad) son fuerzas que facilitan el formar, perfeccionar y hacer más atractiva nuestra personalidad; es lo que da colorido y variedad a nuestra vida, y permite querer y actuar con más facilidad, energía y constancia. No son faros para guiarnos, sino fuerzas anárquicas que hay que dirigir, encauzar por la razón, ya que con sus válvulas de seguridad, sus expansiones y desahogos oportunos, permiten lograr el autodesarrollo. En la vida se puede tener como norma de acción hacer algo "porque me

153

gusta", lo anterior es lo mismo que tomar un tranvía u ómnibus sin *fijarse* a *dónde va,* sólo porque es más cómodo y más bonito.

Dejar de actuar "porque me gusta" no es renunciar al éxito, a la alegría, a la gloria. El inadaptado social ama u odia, actúa o deja de actuar, sólo por sus gustos, o disgustos, pues la razón no se ha desarrollado o está inhibida. El encauzar nuestros sentimientos, disminuyendo sus exageraciones, no dando demasiada importancia a lo que nos gusta o disgusta, a lo que tememos o deseamos, nos conduce al equilibrio emocional pues la afectividad refuerza las tintas, exagera lo bueno o lo malo, oscurece y altera la verdad.

Así, por ejemplo, ¿nos irritaron las palabras y el proceder de otro? Luego la afectividad se inclinará a ver su mala intención premeditada (probablemente sólo hubo ligereza o irreflexión) y aun nos persuadirá que tiene para el porvenir peores propósitos.

¿Experimentamos fenómenos extraños en la vista aun con los ojos cerrados? ¿Ideas y sentimientos alborotados bullían sin aceptar a dominarlos? ¿Nos hallamos tristes y desanimados y con ganas de dar al traste con la carrera o con la vida que adoptamos? ¿Nos parece que somos para eso?

En todos estos casos hemos *perdido el control de la afec*tividad; admitiendo sus exageraciones. Es necesario convencerse de que la realidad es mucho mejor de lo que siente.

EL ASALTO EMOCIONAL

Los estallidos emocionales son asaltos nerviosos. En esos momentos, un área del cerebro declara una emergencia y recluta al resto del cerebro para su personal orden del día. El asalto se produce en un instante, desencadenando esta reacción unos decisivos instantes antes de que el cerebro pensante, haya tenido oportunidad de vislumbrar plenamente lo que está ocurriendo, para no hablar de decidir si es una buena idea. No todos los asaltos límbicos son perturbadores.

El cerebro utiliza un método sencillo pero ingenioso para hacer que los recuerdos emocionales queden registrados con especial fuerza: los mismos sistemas de alerta neuroquímica que preparan al organismo para que reaccione ante las emergencias que ponen en peligro la vida luchando o huyendo también graban el momento en la memoria con intensidad. Sometida a tensión (o a ansiedad, o tal vez incluso a la intensa excitación de la dicha), un nervio que va desde el cerebro a las glándulas suprarrenales situadas encima de los riñones, provoca la secreción de las hormonas epinefrina y norepinefrina, que se desplazan por el organismo preparándolo para una emergencia.

ALARMAS NERVIOSAS ANTICUADAS

La imprecisión del cerebro emocional se ve aumentada por el hecho de que muchos poderosos recuerdos emocionales se remontan a los primeros años de vida, en la relación entre un niño y las personas que se ocupan de él. Los errores emocionales de basan en el hecho de que el sentimiento es anterior al pensamiento; una reacción basada en fragmentos de información sensorial que no ha sido totalmente seleccionada e integrada en un objeto reconocible. Los asaltos emocionales implican dos dinámicas: la puesta en funcionamiento de la amígdala y una imposibilidad de activar los procesos neocorticales que por lo general mantienen en equilibrio la respuesta emocional... o una recuperación de las zonas neocorticales para la urgencia emocional. En estos momentos, la mente racional queda inundada por la emocional.

Cuando nos sentimos emocionalmente alterados decimos que no podemos "pensar correctamente", y la perturbación emocional constante puede crear carencias en las capacidades intelectuales de un niño, deteriorando la capacidad de aprender.

Los sentimientos son típicamente indispensables para las decisiones racionales; ellos nos señalan la dirección correcta, donde la pura lógica puede ser mejor utilizada. Mientras el mundo suele enfrentarnos con una in personas serie de alternativas. El aprendizaje emocional que la vida nos ha dado envía señales que simplifican la decisión, eliminando algunas posibilidades y destacando otras desde el primer momento.

Así, a las emociones les importa la racionalidad. En la danza de sentimiento y pensamiento, la facultad emocional guía nuestras decisiones momentáneas, trabajando en colaboración con la mente racional y permitiendo – o imposibilitando – el pensamiento mismo. De la misma manera, el cerebro pensante desempeña un papel ejecutivo en nuestras emociones, salvo en aquellos momentos en que las emociones quedan fuera de control y el cerebro emocional pierde sus frenos.

En cierto sentido, tenemos dos cerebros, dos mentes y dos clases diferentes de inteligencia: la racional y la emocional. Nuestro desempeño en la vida está determinado por ambas; lo que importa no es sólo el consciente intelectual sino también la inteligencia emocional.

Refrena tus pensamientos. Una manera de establecer límites a nuestra afectividad es no dar rienda suelta a las cavilaciones, evitando sus exageraciones y transferencias. Pensar en otras cosas, y sobre todo *no cambiar nuestros* propósitos, o *toma de decisiones importantes bajo el imperio del sentimiento. Dejemos pasar un día.* "Consultar con la almohada", dejando pasar también una noche, y luego, suavizada o calmada la afectividad, sigue siendo un buen consejo, entonces se estará en disposición de entender y de actuar con serenidad. *Pensar* que este estado *pasará* y volverá la luz y la alegría, y fomentar los pensamientos y sentimientos que entonces tuvimos.

> *En el "palacio de la afectividad" hay salones brillantes donde se aposenta el optimismo, la esperanza, el amor, el valor y la alegría, y sótanos oscuros donde mora el desaliento, la tristeza, el temor, la preocupación, la ira. La Señora del palacio, la voluntad, tendrá que recorrer sus dependencias, pero puede hacer morada donde quiera. No demos demasiada importancia a los temores, disgustos y tristezas cuando lleguen, no moremos en ellos habitual y voluntariamente, sino en los salones de la alegría y del optimismo.*

Abrir la válvula de seguridad. Hay estados afectivos en que la depresión puede causar fatiga, sufrimientos y enfermedad. Tales son los conflictos aparentes entre el imperativo del deber y los postulados del honor, o del instinto.

Abramos también la válvula al afecto significativo, en expansiones de cariño familiar, con la amistad verdadera, en las confidencias espirituales. Que no se nos vaya toda la energía psíquica por el caño del entendimiento, dejando cerrado u obstruido el del afecto.

DOMINAR LA IRA

> Si tienes un enemigo, el mayor mal que puedes causar, no a él, sino a ti mismo, es permitir que el odio ahonde en tu alma y labre en ella un surco imborrable.
>
> Fosdick

Para dominar esta emoción será útil conocer su *trayectoria* p*sico-fisiológica* La injusticia, insulto o molestia llegan por los sentidos o la imaginación hasta la corteza cerebral. Con estas cualidades y méritos no merezco ese trato. Mi parecer y voluntad deben respetarse. Me tienen mala voluntad, son crueles, ingratos, insoportables. Deben ser corregidos. (El acontecimiento, el sufrimiento) Es injusto, intolerable.

Este concepto, máxime si es muy fuerte, sensible y prolongado, estimula al hipotálamo, sala de máquinas de la emoción y de allí automáticamente se pone en actividad el sistema nervioso autónomo, quien pone en rápida conmoción y tensión al corazón, estómago, pulmones, músculos, vísceras, etc. Al mismo tiempo nos invade el sentimiento de disgusto y antipatía.

Lo único que podemos hacer es, o evitar el excitante o, por lo menos, su recuerdo y duración, y sobre todo podemos evitar o modificar el juicio práctico; si lo hacemos, la conmoción pasa pronto, sin dejar huella duradera o profunda.

A. Fase más activa, controlable

Fase de derrota. Esas conmociones de los órganos llegan a la corteza cerebral, nos damos cuenta de que empezábamos a airarnos, y tal vez el estímulo continúa solicitándonos. La voluntad, que hubiera podido desviar la atención a otras cosas, si cede a la ira, retiene el juicio práctico, lo hace más fuerte y prolongado y ordena el ataque. Este puede ser *sin cortapisas,* y entonces el hipotálamo desarrolla la *cólera o* ira desenfrenada con reacciones instintivas, primitivas, como quien rompe lo que encuentra a su lado, o patea al motor que no quiere andar. O bien, ante las conveniencias sociales o el temor de las represalias, se contenta con un *ataque frenado,* con la *impaciencia desgastadora,* acompañada de amenazas o de actos que molesten al adversario, y de un sentimiento de disgusto y tristeza. O finalmente resuelve *diferir el ataque,* con lo que tenemos el *odio o ira embotellada,* con tensión y trastornos prolongados.

B. Control por la distracción

Muchas veces oímos aconsejar: "Cálmese, no responda, domínese, tenga paciencia". Sería más eficaz, si en lugar de querer quitar el sentimiento o los actos (que son efecto de ideas), quitásemos o modificásemos esas ideas que los causan. Si, cuando el otro te insulta o te disgusta con su conducta, en vez de pensar en lo injusto o grosero de su proceder, concentras tu atención en otra cosa: en los objetos o colores que tienes delante o en las ondas sonoras que te llegan de todas partes, o(si eres psicólogo) en observar el desgaste de energía y reacciones de tu interlocutor, etc., apenas sentirás conmoción alguna.

INTELIGENCIA EMOCIONAL APLICADA

El verdadero intercambio emocional está modelado por los pensamientos, y esos pensamientos, a su vez, están determinados por otra capa más profunda que se llaman "Pensamientos Automáticos" o suposiciones fugaces y en segundo plano acerca de uno mismo y de las personas relacionada con uno que refleja nuestras actitudes emocionales más profundas.

Una vez que los pensamientos perturbadores como la indignación absoluta se vuelven automáticos, son autoconfirmadores. El efecto neto de estas perturbadoras actitudes es crear una crisis incesante, ya que disparan el asalto emocional más frecuentemente y hacen que resulte más difícil recuperarse del daño y de la furia resultante. Las personas que están desbordadas no pueden oír sin distorsión ni responder con lucidez. El desbordamiento es el asalto emocional que se perpetúa así mismo. Los esposos son propensos al desbordamiento ante una intensidad de negatividad menor que de sus esposas; más hombres que mujeres reaccionan con el desbordamiento ante las críticas de su pareja.

A. MANEJARSE CON EL CORAZON

La idea de costo – efectividad de la inteligencia emocional es relativamente nueva para las empresas, algo que algunos gerentes pueda resultarles difícil de aceptar. La idea de percibir los sentimientos de aquellos que trabajan para él es absurda, porque les es imposible tratar con las personas; esa jerarquía rígida empezó a quebrarse en los años 80´s bajo la presión combinada de la globalización y tecnología de la información.

El arte de la crítica: Ser específico: tenemos un incidente significativo un episodio que ilustra un problema clave que necesita modificación, o una pauta de deficiencia como es la incapacidad de hacer bien ciertos aspectos de un trabajo; es decir exactamente cuál es el problema, que siente uno al respecto y que se podría cambiar.

Ofrecer una solución: la crítica, como toda retroalimentación útil, debe señalar una forma de corregir el problema.

Estar presente: las críticas, al igual que los elogios, resultan más eficaces si se expresan cara a cara y en privado.

Mostrarse sensible: esta es una apelación a la empatía, a estar sintonizado con el impacto que provoca en el receptor lo que uno dice y la forma en que lo dice.

OPORTUNIDADES

Cientos de estudios muestran que la forma en que los padres tratan a sus hijos tiene consecuencias profundas y duraderas en la vida emocional de ellos. Sin embargo, sólo hace poco tiempo han aparecido datos innegables que muestran que tener padres emocionalmente inteligentes es, en sí mismo, un enorme beneficio para el niño. Por otra parte existen tres estilos comunes de paternidad emocionalmente inepta:

1.- Ignorar los sentimientos en general- los padres que tienen este estilo, tratan las aflicciones emocionales de sus hijos como un problema trivial o aburrido, algo que deben esperar que pase.

2.- Mostrarse demasiado liberal- al igual que aquellos que ignoran los sentimientos de los niños, estos padres rara vez intervienen, ni intentan mostrar a su hijo una respuesta emocional alternativa.

3.- Mostrarse desdeñoso, y no sentir respeto por lo que su hijo siente- estos padres son típicamente desaprobadores, duros tanto en sus críticas como en sus castigos.

La buena disposición de un niño para la escuela, depende del más básico de los conocimientos, de cómo aprender. El informe presenta una lista de siete ingredientes clave de esta capacidad crucial, todos ellos relacionados con la integridad emocional:

Confianza: La sensación de dominar y controlar el propio cuerpo, la sensación y el mundo, la sensación del niño de que lo más probable es que no fracase en lo que se propone, y de que los adultos serán amables.

Curiosidad: La sensación de que descubrir cosas es algo positivo y conduce al placer.

Intencionalidad: El deseo y la capacidad de producir un impacto, y de actuar al respecto con persistencia.

Autocontrol: La capacidad de modular y dominar las propias acciones de maneras apropiadas a la edad; una sensación de control interno.

Relación: La capacidad de comprometerse con otros, basada en la sensación de ser comprendido y de comprender a los demás.

Capacidad de Comunicación: El deseo y la capacidad de intercambiar verbalmente ideas, sentimientos y conceptos con los demás.

Cooperatividad: La capacidad de equilibrar las propias necesidades con las de los demás en una actividad grupal.

EL TEMPERAMENTO NO ES EL DESTINO

En cierta medida, cada uno de nosotros posee una amplia gama emocional; el temperamento nos es dado en el nacimiento, forma parte de la lotería genética que tiene una fuerza apremiante en el desarrollo de la vida. Cualquier padre lo ha visto: desde el nacimiento un niño será sereno y plácido o irritable y difícil. La pregunta es que si esa estructura emocional determinada biológicamente puede ser modificada por la experiencia.

Kagan plantea que hay al menos cuatro tipos temperamentales-tímido, audaz, optimista y melancólico- y que cada uno se debe a una pauta diferente de actividad cerebral. Existen probablemente innumerables diferencias en los dotes temperamentales, cada una basada en diferencias innatas del circuito emocional, las personas pueden diferenciarse por la forma en que sus emociones se disparan, cuánto duran, lo intensas que se vuelven.

El reaprendizaje emocional aparece como algo apropiado para la forma en que la experiencia puede cambiar las pautas emocionales y al mismo tiempo moldear el cerebro.

ALFABETISMO EMOCIONAL

Para este milenio se anuncia la llegada de la Era de la Melancolía, así como el siglo XX se transformó en la Era de la Ansiedad. Datos internacionales muestran que parece cundir una moderna epidemia de depresión, que se extiende a lo largo y a lo ancho adoptando nuevas modalidades en cada lugar del mundo. Cada nueva generación, desde principios de siglo, ha corrido un riesgo mayor que la de sus padres, de sufrir una depresión más importante- no ya tristeza, sino un desinterés paralizante, desaliento y autocompasión, más una abrumadora desesperanza -, en el curso de su vida.

Durante los últimos treinta o cuarenta años se ha asistido al ascenso del individualismo y a una decadencia de las creencias religiosas y de los apoyos de la comunidad y de la familia más extendida. Eso importa una pérdida de recursos que pueden hacer las veces de amortiguador ante los golpes sufridos por contratiempos o fracasos. La mayoría ve el fracaso como algo permanente, y lo magnifica, trasladándolo a todos los órdenes de su vida, y es propensa a permitir que una derrota momentánea se convierta en una permanente fuente de desesperanza. Pero si se tiene una perspectiva más amplia, como la creencia en Dios y en una vida posterior, y se pierde el empleo, eso significa sólo una derrota temporal.

Las maneras pesimistas de interpretar los fracasos de la vida, parecen alimentar la sensación de desamparo y de desesperanza en el corazón. Lo que se ha descubierto hace solo poco tiempo, sin embargo, es que los niños más propensos a la melancolía tienden hacia esa actitud pesimista antes de caer víctimas de la depresión. Poder vislumbrar a tiempo esa actitud abre la posibilidad de protegerlos de la depresión antes de que haga su aparición.

Hay un papel que la aptitud emocional juega por encima de la familia y las fuerzas económicas: puede ser decisiva para determinar en qué medida un niño o adolescente cualquiera ha sido perjudicado por estas dificultades, o si ha logrado hallar un núcleo de resistencia y capacidad de recuperación para sobrevivir a ellas. Estas incluyen una sociabilidad ganadora que atrae a los demás, confianza entre ellos mismos, una actitud persistentemente optimista ante el fracaso y la frustración, la habilidad de recuperarse rápidamente tras un revés, y una personalidad fácil de llevar.

EDUCACION DE LAS EMOCIONES

El aprendizaje no es un hecho separado de los sentimientos de los niños. Ser un alfabeto emocional es tan importante para el aprendizaje como la instrucción en matemática y lectura. Los nombres que se les dan a estos cursos van desde "desarrollo social", hasta "destrezas para la vida" y "aprendizaje social y emocional". Todos los cursos de alfabetización emocional tienen una raíz común que se remonta al movimiento de educación afectiva de los sesentas.

Existen temas que se enseñan para que se tenga una conciencia de sí mismo, en el sentido de reconocer los propios sentimientos y construir un vocabulario adecuado para expresarlos; aprender a ver los vínculos existentes entre pensamientos, sentimientos y gobernando las decisiones; ver las consecuencias posibles de elecciones alternativas, y aplicar todas estas percepciones en decisiones sobre temas tales como tabaco, drogas y sexo. Tomar conciencia de las propias fortalezas y debilidades, y verse a uno mismo bajo la luz optimista, pero realista, evitando así una baja en la propia autoestima.

Otro punto que se enfatiza es el manejo de las emociones, y el darse cuenta de lo que hay detrás de cualquier sentimiento, para así aprender formas de manejar la ansiedad, el enojo y la tristeza. También se pone énfasis en hacerse cargo de las responsabilidades que generan los actos y las decisiones, y en asumir los compromisos.

Una habilidad social clave es la empatía, o sea, comprender los sentimientos del otro y su perspectiva, y respetar las diferencias entre lo que cada uno siente respecto a la misma cosa. Las relaciones interpersonales son un punto esencial del programa, lo que incluye aprender a escuchar y a formular las preguntas correctas, a discriminar entre lo que el otro expresa y los propios juicios y reacciones, a ser positivo antes que estar enfadado o en una actitud pasiva, y a aprender el arte de la cooperación, la solución de los conflictos y el compromiso de la negociación.

Existe una palabra anticuada para designar al conjunto de habilidades que conforman la inteligencia emocional: carácter. El carácter es el músculo psicológico que la conducta moral exige.

El carácter está sustentado en la autodisciplina; la vida virtuosa, como la observaron los filósofos, desde Aristóteles, está basada en el autodominio. La piedra angular del carácter es la capacidad de motivarse y guiarse uno mismo, ya sea haciendo los deberes, terminando un trabajo, o levantándose a la mañana. Y, como ya hemos visto, la capacidad de diferir las gratificaciones y de controlar y canalizar la urgencia de actuar es una habilidad emocional, lo que en tiempos anteriores se llamaba voluntad.

Se necesita voluntad para mantener la emoción bajo el control de la razón. Ser capaz de dejar de lado el enfoque sobre uno mismo, y de controlar los impulsos, rinde beneficios sociales: allana el camino hacia la empatía, a escuchar con atención, a ponerse en el lugar del otro. La empatía, como vimos, conduce a interesarse al altruismo, y a la compasión.

SEXO INTEGRADO EN LA PERSONA Y EN EL AMOR

Hemos recorrido hasta aquí un largo trecho: se ha ido describiendo los elementos necesarios para el cambio conductual. Uno de los elementos importantes en el ser humano completo es el sexo integrado. No viven el sexo integrado quienes lo miran como un tabú, o como algo de lo que hay que avergonzarse; los que lo han considerado prácticamente como algo superpuesto, más o menos tardíamente, en la propia persona o en la ajena; los que por lo mismo lo miran como un algo con lo que se puede jugar, divertirse y aun negociar entregándolo al mejor postor.

Debemos entender que el sexo no es algo separado de la persona sino lo mismo. El "yo" masculino o femenino, que va desarrollando su potencial psicobiológico hasta habilitarle para la procreación, y para el amor oblativo y desinteresado.

El sexo integrado implica creer posible su recto uso, y pensar en la castidad no como contraria a la virilidad, pero tampoco las relaciones sexuales deberían verse como algo inmoral y peligroso para la salud, es una cobardía sacrificar ideales sublimes por un placer pasajero.

Es necesario reflexionar en lo transitorio del placer que no puede llenar las aspiraciones nobles e ilimitadas de su ser, pero quien así lo ha decidido deberá respetársele su voluntad, aunque se busque inconscientemente en el sexo una compensación vana y pasajera a una frustración, por tener una personalidad sin formar o mal formada.

LA VOLUNTAD

"Quiero" es la palabra más rara del mundo, aunque la más usada. El que llega a encontrar el terrible secreto del querer, aunque hoy sea pobre y el último, pronto aventajará a los demás.

Lacordaire

Uno de los elementos centrales para tener éxito en el cambio conductual es la voluntad. Sin ésta todo será simplemente deseo, conceptos o expectativas que no impactarán la conducta real. La conceptualización de la voluntad incluye el apetito racional, el poder ejecutivo de nuestra personalidad por el que pretendemos y escogemos determinados fines y medios. También es la energía propia del "yo" que nos permite organizar libremente la representación de un acto y pasar libremente a su ejecución. La voluntad incluye la mayor de nuestras energías psíquicas, las que, bien encauzada, nos llevará más rápidamente a la salud emocional y a la eficiencia en la toma de decisiones y el cambio conductual. Se acumula en la deliberación y se descarga en la decisión. La voluntad es distinta de las acciones, es libre, activa e inteligente.

Debemos distinguir los actos ineficaces de voluntad que puede confundirse con la voluntad misma. Entre ellos tenemos el mero deseo que, al contrario de la voluntad es pasivo, aunque necesario.

Basta que se presente un objeto o un acto bueno, para que la voluntad se incline hacia él, lo desee. Está la intención *de...* que es la tendencia para hacer algo. No es aún el querer, sino el proyecto o ensayo de querer. El *impulso es* un determinarse por fuerzas o circunstancias externas. Es indeliberado, instintivo, es una gran fuerza, pero es anárquica. Por último tenemos la veleidad que es la ausencia del sentimiento de personalidad, es un "quisiera", pero no un "quiero".

Los actos ineficaces los distinguimos de los actos eficaces porque estos nos llevan a la ejecución; dejan la persuasión y el sentimiento íntimo de que provienen de nuestra libre voluntad. La voluntad es la concreción del acto, es poder representarse claramente lo que se va a hacer, concentrando la atención sobre esa idea. En la medida en que la imagen es más sensible, detallada y viva, más fuerza tendrá. Si no lo es se presentará la abulia y la incapacidad de realización de actos voluntarios. Si la abulia existe cuesta detener el río de las ideas; el cerebro emisor no obedece enteramente: no existe la facilidad para concentrarse en lo que se va a hacer.

Para concretar y enfocar bien el objeto, debemos especificar de qué se trata, cuándo se hará, y cómo, considerando también las demás condiciones para la ejecución. Si no sabemos a dónde ir, la voluntad no se pone en movimiento. Por falta de esta precisión, muchos propósitos no pasan de deseo o veleidad; siendo la primera causa de la ineficiencia en lo que creímos propósitos y se convierten en movimientos de voluntad poco concretos.

La voluntad está relacionada con la percepción del éxito de una acción o empresa. Una persona no hará un esfuerzo alguno cuando presiente que va a resultar estéril. Es necesario sentir esta *posibilidad.* Además, otro de los elementos para que funcione la voluntad es la existencia de un motivo, debemos percibir los *valores,* los bienes *como posibles,* que ésos son los motivos del acto. Para obtener el esfuerzo de la voluntad tales valores deben ser *valores objetivos, adecuados* a la capacidad del individuo; sentidos o cargados de afectividad; y *actuados o recordados:* esto es, valores puestos en acción al momento de "decidir y de ejecutar".

Poner en práctica la voluntad requiere de querer hacerlo, ésta es la condición que falta con más frecuencia, ocasionando la mayor parte de los fracasos de la voluntad. Consiste en transformar una idea en acción. *La causa profunda de nuestra debilidad e impotencia está en la flaqueza de nuestro querer.*

Para ejercer la voluntad y aprender a ponerla en práctica debemos educarnos. Existen dos palabras magníficas, creadoras: "Sí" y "No". Saber decir "sí" cuando vamos a paso de gigante o cuesta arriba, o aunque sea poco a poco, pero siempre adelante; saber decir "No", sin concesiones, sin discusiones, sin vacilación, esto engrandece y fortifica.

Los abúlicos, que por no haber hecho actos eficaces de voluntad pierden la conciencia o el sentimiento interno de ellos, *para* adquirir el sentimiento interno del acto eficaz *deben ante todo ejercitarse en actos sencillos perfectamente volitivos.* Educar en la voluntad es realizar actos volitivos externos, respondiendo a estas preguntas: ¿De qué se trata? ¿Cuándo y cómo se hará? ¿Me es posible? ¿Hay motivos para quererlo ¿Según eso, lo querré, sí o no? Nuestra voluntad no se lanzará al acto si antes de actuar no se le muestra un motivo, un valor. Los valores propuestos a nosotros mismos pueden ser valores *objetivos,* valores en sí: lo útil, lo honroso, lo agradable, lo necesario. Podrían ser valores sensibles percibidos por los sentidos o valores espirituales captados por el entendimiento; valores para el tiempo o para la eternidad; valores parciales o totales. O pueden ser valores *subjetivos,* es decir, percibidos como tales por el sujeto, adecuados a su capacidad. Por último deben estar *actualizados:* que se hallen presentes a la mente en el momento de la decisión y de la ejecución. Por eso al prever el acto procuremos también recordar el motivo Por falta de esta motivación se observan con mucha frecuencia fracasos educativos en los colegios y en los hogares.

CAPITULO SIETE

APRENDIZAJE PERSONAL

Víctor Frankl y otros autores hablan sobre la Logoterapia y proponen que la tendencia fundamental del ser humano es ser lo que ES, un verdadero "ser humano", y que no sólo posee una tendencia natural a serlo, a desarrollar sus potencialidades latentes y a encontrar el verdadero significado de la vida, sino que ese impulso vital puede considerarse su más profunda necesidad, la voluntad de autorrealización.

Algunos de estos conceptos logoterapéuticos, los expresa Frankl de la siguiente manera: el problema del significado de la vida es una cuestión típicamente humana. Es la expresión de aquello que dé más humano hay en el hombre, efectivamente preguntarse por el sentido de la vida es entrar en el camino del crecimiento personal. El estar-en-el-mundo implica la búsqueda de un sentido, y quien lo encuentra, encuentra la razón de su existencia, lo que le permite conocer la felicidad.

Sin embargo la realidad muestra con demasiada frecuencia que el hombre no es lo que podría. La razón de esto se encuentra en que existen factores diversos que, si bien pueden ser aprovechados para acelerar la autorrealización, por lo común constituyen obstáculos definitivos para la misma. La postura frankliana es la abierta afirmación de que, pese a los condicionamientos presentes de orden biológico, psicológico y social, entre otros, el ser humano tiene la capacidad de tomar una actitud libre ante ellos. La libertad, en este sentido no es una libertad concebida como carente de obstáculos, sino que para ser tal, tiene que hacer referencia, en sentido negativo, a los obstáculos o condicionamientos de los que es capaz de liberarse. Ser libre significa tomar una actitud frente a esos condicionamientos y a pesar de ellos, y esto solo es posible desde la dimensión del espíritu (capacidad de o-posición del espíritu), tomar una actitud es responder. La responsabilidad es la capacidad de responder frente a lo que nos plantea la vida. El hombre al tomar conciencia de su "estar en el mundo se da cuenta de que tiene la tarea de "hacerse cargo" de su vida, sea esta como sea, que nadie más puede hacerlo por él.

Una de las frases más bellas de Frankl y uno de los conceptos más importantes que lo hacen uno de los grandes psicólogos de nuestro tiempo es: " incluso cuando la vida queda reducida a su mínima expresión y todo aparece carente de significado, permanece aún una libertad fundamental, la libertad de escoger la propia actitud frente al destino. Esta elección quizás no cambie el destino, pero ciertamente cambia a la persona".

El hombre nace dentro de las coordenadas de sus "destinos biopsicosociales" y con las potencialidades de libertad y responsabilidad. Para mí, la búsqueda de sentido es esa labor de navegar la vida entre las corrientes de los destinos sin encallar o encallando lo menos posible, y esta labor la hace el hombre apoyándose en la fuerza de su espíritu.

Todos estos factores pueden ser escalones hacia la realización del ser humano, no obstante, con excesiva frecuencia éste los utiliza como obstáculos para la misma; la razón de esto es que se resiste a aceptar el sufrimiento como parte de su vida.

Cuando V. Frankl habla de la tragedia del ser humano se refiere a ella también como el triple desafío del hombre y se refiere al sufrimiento, a la culpa y a la muerte. "El hombre madura en el dolor y crece en "el". El sufrimiento crea en el hombre una tensión fecunda, y hasta podríamos decir revolucionaria y el descubrir el sentido de éste es una tarea personal, única e irrepetible". El sufrimiento cualquiera que sea es el campo propio y específico de los valores de actitud y exigen del hombre su máximo esfuerzo y honestidad, movilizan lo más valiosos de la persona.

Cuando estuvo prisionero y a punto de morir, Frankl descubrió en lo cotidiano de su cautiverio la verdad de que al brindar consuelo al grupo, él mismo salió reconfortado. Su sufrimiento y el de sus compañeros fue un verdadero crecimiento. Crecimiento significa la transformación de nuestro ser. Sólo se crece en humanidad cuando el sufrimiento lo asimilamos. El sufrimiento es algo más que crecer, significa también madurar. La maduración tiene como base que el ser humano llegue a alcanzar su libertad interior, es decir, un ser-libre-pese a las circunstancias, pese a las dependencias externas. El sufrimiento, una vez asimilado e integrado, enriquece pues agudiza la capacidad humana de comprensión de la existencia. Estas y otra serie de anotaciones sobre la postura frankliana me llevan a la conclusión de que la Logoterapia va más allá, promoviendo el contacto con la dimensión espiritual, con la parte más sabia y honesta del ser humano, con esa dimensión que nos diferencia del resto de los seres de la creación, que nos permite buscar la plenitud a través del crecimiento enseñando y orientando al hombre en la búsqueda de sentido, y no sólo eso, sino que rescata su dignidad ante los sucesos irremediables de la vida, educando a la persona en la libertad y en la responsabilidad, le da sentido al sufrimiento humano inevitable, y lo convierte en una experiencia de crecimiento proponiendo tres clases de valores como vías al sentido, llevando a la acción, al compromiso hacia algo o hacia alguien, a trascenderme a mí mismo para encontrar lo mejor de mí mismo en lo que soy capaz de dar a los demás, buscando hacer contacto con el inconsciente espiritual del ser humano donde existe siempre un estado de relación con Dios.

Los rasgos característicos de las personas realizadas según Abraham Maslow, son ese contacto espiritual consigo mismo, él trató de identificar el funcionamiento humano ideal estudiando a personas que conocía personalmente. Partiendo de una definición popular de la autorrealización seleccionó sus sujetos de una muestra bastante grande. Volvió a examinar luego su definición a la luz de sus estudios clínicos y la modificó casi en su totalidad.

Esta definición posee aspectos tanto positivos como negativos; del lado negativo descartó a los sujetos que mostraban manifestaciones de neurosis, psicosis y trastornos psicopáticos, y del lado positivo buscó signos de salud y autorrealización, a la que definió primero intuitivamente: "Puede describirse como el uso y la explotación plenos de talentos, capacidades y facultades; semejantes personas parecen realizarse a sí mismas y hacer lo mejor de aquello que son capaces". Debido a la resistencia de sus sujetos, tuvo que estudiarlos indirecta e incluso suspicazmente. Incluyo en su estudio a personajes públicos e históricos tan conocidos como Einstein y Roosevelt.

1. Percepción más eficaz de la realidad

Las personas realizadas parecen tener el don de juzgar las cosas correctamente. Pueden descubrir el fraude y la simulación más fácilmente que otras. Las realidades escondidas y confusas las captan más rápidamente. Demuestran una habilidad superior para predecir acontecimientos, porque son capaces de juzgar situaciones de modo perceptivo y de extraer las implicaciones de los hechos básicos. No abrigan prejuicios debido a rasgos de optimismo o pesimismo, de modo que son observadores neutros. Su conocimiento puede describirse como desinteresado. Una cosa, una situación o una persona se perciben tal como son, sin deformaciones previas. Consideremos por ejemplo el caso de dos personas que están conversando: el individuo paranoide ve este hecho como cualquier otra persona, pero añade el elemento "están hablando de mí". La mayoría de nosotros tenemos esta tendencia de poner nuestros atributos personales en nuestras propias percepciones. Las personas realizadas, en cambio, pueden tolerar la incertidumbre y la ambigüedad. Maslow lo dijo en forma muy pintoresca: "Cuando la situación objetiva total lo exige, estas personas pueden ser confortablemente desordenadas, descuidadas, anárquicas, caóticas, vagas, recelosas, inseguras, indefinidas, aproximadas, inexactas o negligentes, todo lo cual es en determinados momentos perfectamente deseable. Resulta así que la duda, la vacilación y la inseguridad, lo que para la mayoría constituye una tortura, puede ser un reto agradablemente estimulante".

1. Aceptación del yo y de los demás

Las personas realizadas aceptan la esencia de las cosas y de la gente, incluidas ellas mismas. Por ejemplo, el niño es tomado como un ser por derecho propio y no como un adulto inferior. Algunas personas no saben comprender o tolerar a los niños, ni relacionarse con ellos, ni con alguien que sea totalmente distinto de ellas. La gente sana, en cambio, puede tomar las cosas y la gente tales como son. La forma más básica de aceptación es la satisfacción consigo mismo.

Las personas autorrealizadas carecen de timidez, sentimiento de culpabilidad y duda, tan dominantes en la gente en general. Pueden no conseguir sus ideales pero perciben sus ideas e inclusive sus inferioridades con respecto a otros como tales, y no por esto se aceptan menos a sí mismas. La persona realizada no quiere ser otra persona, aunque perciba de modo muy claro la realidad de sus propios defectos y se esfuerce por mejorarlos.

2. Espontaneidad, simplicidad, naturalidad

A las personas sanas se las puede describir como espontáneas, sencillas y naturales. No son víctimas de prácticas o creencias culturales. Tratan de elaborar sus propios sistemas de valores y estos influyen realmente sobre su conducta. Y sin embargo, no son, por extraño que parezca, anticonvencionales; en efecto, se adaptan a las situaciones de modo que no causan molestias a los demás. Sus vidas internas son altamente individualistas. Se las podría caracterizar como ajenas al medio ambiente cultural.

Las personas sanas de ambientes culturales distintos son mucho más parecidas entre sí de lo que lo son las personas corrientes de dichos medios. Las personas en cuestión no temen ser ellas mismas, porque tienen confianza en sus sentimientos y sus actos con respecto a otros. Así pues, se expresan libremente, y con confianza, pero sin aires de superioridad ni esnobismo. Sus motivaciones son de un tipo distinto de las del individuo corriente, que suele ser típicamente reservado y vacilante, y finge la mayor parte del tiempo.

3.   Centrado de problemas

Maslow observó que los sujetos realizados suelen tener un sentimiento de misión que está presente en su trabajo. Centran su actividad en problemas fuera de sí mismos. Además, son capaces de enfocar sus propias vidas hacia la solución de problemas, esto es, pueden adoptar serenamente decisiones que implican una frustración temporal, pero a la larga realizan sus objetivos. Poseen la habilidad de perderse en su trabajo. Se identifican con él, y cuando trabajan están expresando sus motivos más "personales".

4.   La necesidad de intimidad

Muchas personas no pueden estar solas por mucho tiempo, porque no les gusta aquello que aprenden de sí mismas. Las personas realizadas, en cambio, necesitan la intimidad y soledad y gozan de ellas. No tienen el hábito de pegarse a otros, y por consiguiente disfrutan de la riqueza y plenitud que confiere la amistad con los demás.

4.   Autonomía

Las personas sanas son autosuficientes. Pueden soportar presiones ambientales, porque son relativamente independientes de las condiciones de su medio ambiente. El alejamiento de una persona querida, por ejemplo, no produce una reacción catastrófica. Utilizando esta distinción entre personas motivadas por la deficiencia y personas motivadas por el desarrollo, Maslow las compara como sigue: Las personas motivadas por la deficiencia necesitan tener a otras personas disponibles, puesto que la satisfacción de sus necesidades, afecto, seguridad, respeto, prestigio, sólo puede provenir para ellas de otros seres humanos.

En tanto que las personas motivadas por el desarrollo pueden verse impedidas por otras. En efecto, los elementos determinantes de satisfacción son internos y no sociales. Se han hecho lo suficientemente fuertes para ser independientes de la buena opinión de los demás, inclusive de su afecto.

6. Apreciación continua

Los sujetos de Maslow poseen la rara cualidad de ser capaces de apreciar una y otra vez las satisfacciones que ofrece la vida. El mismo acontecimiento que para otros podrá convertirse en una experiencia común y en algo pasado, está para ellos lleno de belleza, inspiración y maravilla, una y otra vez. La centésima puesta de sol es tan hermosa como la primera; un paseo a través de los bosques jamás deja de constituir una experiencia gozosa; contemplar el juego de un niño levanta el espíritu. Maslow observó que mucha gente tiende a perder el aprecio por lo que tienen, en sus esfuerzos por conseguir algo distinto, llegando incluso a considerarlo como carente de valor; de este modo se encuentran la mayor parte del tiempo en un estado de satisfacción. Maslow creía que mientras buscamos otras cosas, no hemos de dejar de valorar las que tenemos.

7. Experiencia mística, experiencia cumbre

Maslow descubrió que sus sujetos podían describirse como religiosos, pero no en un sentido denominativo o formal. Poseen convicciones firmes y experiencias cumbre como los místicos, pero no se dejan seducir por las prácticas rituales delas religiones corrientes. Maslow entendió la experiencia mística como sigue. "Al parecer, la experiencia mística aguda o cumbre constituye una insatisfacción enorme de cualquiera de las experiencias en las que hay pérdida del yo o trascendencia del mismo; por ejemplo, resolución de problemas, concentración intensa, conducta límite, experiencia sexual intensa, autoolvido y gozo intenso de la música o del arte, etc.".

8. Sentimiento de comunidad

Maslow adoptó de Adler el término de "Gemeinschafsgefühl" que puede traducirse aproximadamente por "sentimiento de comunidad", o "fraternidad de hermano mayor". Los sujetos sanos parecen identificarse con cualquier ser humano; en efecto, experimentan afecto, comprensión y simpatía para otros que podrán no estar tan desarrollados como ellos mismos.

Adoptan con los demás una actitud de hermano mayor. Hay que tener presente que la persona realizada se siente a menudo enajenada y es tratada como tal por los demás, no porque no haya logrado establecer un sentimiento firme de identidad, sino porque es muy distinta de aquellos con quienes ha de convivir. Sin embargo, aunque anhele la compañía de otras personas como ella, es capaz de experimentar simpatía e interés por toda humanidad.

9. Relaciones personales

Los autorrealizados son capaces de uniones muy firmes. Limitan sus amistades a unos pocos, a los que en cambio se quiere mucho, en lugar de buscar un amplio círculo de relaciones.

10. Carácter tolerante

Las personas sanas poseen tolerancia y aceptación de las diferentes ideas políticas, religiosas, raciales, de edad, maritales, profesionales o de clase. Pueden aprender de las demás; si un individuo tiene algo que enseñarles, no tratarán de afirmar su propia superioridad, cualquiera que sea su posición en la vida. Pueden apreciar los conocimientos y la habilidad de los demás, inclusive si la competencia de éstos es superior a la suya. La superioridad ajena se aprecia, y no se percibe en modo alguno como una amenaza.

11. Distinción entre fines y medios

Los sujetos realizados poseen una noción clara de la diferencia entre los fines y los medios; en efecto, los medios pueden intercambiarse fácilmente, en tanto que los fines tienden a ser permanentes. Dichas personas no operan con principios rígidos ni métodos prejuzgados. También los medios pueden apreciarse y valorarse, de modo que el trabajar hacia un objetivo podrá proporcionar acaso tanto placer y satisfacción como conseguirlo. Y lo que es sorprendente: pueden obtener placer, al igual que los niños, incluso de las tareas más rutinarias y aparentemente más insípidas.

12. Sentido del humor filosófico, no hostil

Maslow observó que el humor de sus sujetos era muy distinto del de la persona corriente. Lo describió como filosófico, porque versa sobre situaciones humanas tales como las discrepancias entre aquello que es y aquello que debería ser, y sobre las peculiaridades de las cosas. Por ejemplo, la persona sana podrá reírse de su actitud pretenciosa cuando vuelve a leer un trabajo que escribió hace años. Por el contrario, el humor clásico se centra en la exteriorización de hostilidad, en el relajamiento de la autoridad y en impulsos prohibidos.

13. Creatividad

Maslow observó en todos sus sujetos sanos una cualidad que designó como "creatividad". No entendía por esto las realizaciones notables de una persona de mucho talento, sino más bien la inventiva, la originalidad, la espontaneidad y la frescura de enfoque. Maslow describió la creatividad en términos de actitud de espíritu.

Siendo menos inhibidos, restringidos, o imbuidos de cultura, los autorrealizados pueden ser más espontáneos, naturales y humanos. Estos términos vagos se utilizan para designar una cualidad que es sumamente difícil de describir. Podríamos pensar, por ejemplo, en la excitación de un perro cuando ve llegar a su amo a casa; en el entusiasmo de los niños cuando descubren una nueva forma de juego, o en el gozoso juego amoroso de una pareja de enamorados.

14. Resistencia a los aspectos negativos de la cultura

¿Son acaso personas bien adaptadas, amables, fáciles de comprender? ¿Encajan en la imagen de un extrovertido cordial al que todo el mundo quiere? La respuesta es ¡No! De hecho, se los considera como extraños, excéntricos e inclusive antisociales por parte de aquellos que no los conocen. Hay en ellos un aire de autosuficiencia que resulta ofensivo para algunas personas.

15. Integridad de la personalidad

Las personas sanas no experimentan fragmentación de la personalidad, ni elementos aislados que funcionen como "personalidad" separadas. No hay en ellos oposiciones ni conflictos - entre impulsos básicos y conciencia, entre egoísmo e ideales, entre impulsos infantiles y conducta adulta.

16. Trascendencia de las divisiones

En este contexto, el término división indica oposición, los extremos de una dimensión, tales como trabajo y juego, ser adulto o ser niño, masculinidad y femineidad, ser egoísta y altruista, interesado o generoso, racional y emocional. Esta trascendencia significa que cualidades opuestas se integran y expresan por la misma conducta, no una cosa u otra, sino ambas a la vez; por ejemplo, un hombre varonil podrá ser capaz de tener cualidades femeninas. La mayoría de la gente son una cosa u otra de los extremos mencionados; distinguen entre lo que es trabajo y lo que es recreo, entre actuar de modo infantil o actuar de modo adulto, entre ser racionales e irracionales.

Consideremos al carpintero que goza trabajando la madera: realiza un buen trabajo, con orgullo; actúa con carácter egoísta; pero su trabajo proporciona también placer y goce a los demás. Siendo tan buen carpintero como puede, se beneficia a sí mismo y beneficia a los demás, trascendiendo así la división entre egoísmo y altruismo. Para él, en efecto, la diferencia entre trabajar y jugar no es estricta, porque su trabajo le proporciona una forma de recreo. De este modo trasciende también la división entre el trabajo y el juego. Un ejemplo llamativo de la trascendencia de divisiones es el del principio filosófico adoptado por los Shakers.

Éstos eran una secta religiosa austera cuyos componentes hacían un voto de celibato. Eran un grupo comunal cuyas creencias cristinas estaban organizadas alrededor de dos principios que parecen contradecirse mutuamente: "Vive este día como si fuera tu último día, y vívelo como si fueras a vivir mil años". La primera parte de la frase nos aconseja vivir cada día lo más plenamente posible, porque no sabemos cuánto tiempo durarán nuestras vidas. El vivir al día comprende muchas implicaciones, tales como no inquietarse excesivamente por el futuro desconocido; no ser demasiado ambicioso, de modo que el hecho de no conseguir los objetivos no constituya una tragedia, y muchas más. Pero la segunda parte, en cambio, aconseja ver nuestras vidas desde un marco opuesto, esto es, esperando una vida larga.

Se aconseja proyectar, pensar de modo optimista en un mañana mejor, tener sueños y esperanzas, no dejarnos atrapar en tensiones momentáneas. De hecho, estas no son normas de vida realmente opuestas, y ambas implican vivir plenamente el presente. Trabajar con un objetivo puede satisfacer necesidades. Tener proyectos y objetivos hace el presente más atractivo. Podríamos seguir con estas paradojas aparentes, pero la cosa está en que lo que parece constituir enfoques opuestos e irreconciliables de la vida puede integrarse, dado el nivel apropiado de madurez, en el estilo de vida.

LAS VARIANTES DE LOS TIPOS DE NECESIDADES

Aun cuando no existe un acuerdo unánime acerca del número de necesidades básicas del ser humano, estas son descritas por los psicólogos, como básicas y derivadas. Independientemente si los hombres tienen diez, veinte o más necesidades y si estas son innatas o derivadas, de los trabajos de Victor H. Vroom se pueden identificar las que a continuación se describen únicamente con el propósito de aclarar ciertas características que las distinguen de las tres necesidades básicas que se analizaron el apartado anterior.

Para efectos reales, poco importa si son básicas o derivadas, lo que importa es que las personas las identifican como elementos motores de su conducta y por lo tanto, las ven como necesidades reales. Esposible que éstas pudieran agruparse en rubros, niveles y áreas, sin embargo, ahora solamente serán enumeradas sin ningún orden.

1. **La necesidad de seguridad.** En determinados puestos donde el nivel salarial es suficiente para cubrir las necesidades económicas elementales y permiten accesar a un nivel de bienestar, las personas pueden no tener la seguridad de disfrutar de los beneficios de su puesto en el largo plazo. Debido a que se gasta la mayor parte de los ingresos, es posible que no se acumule una cantidad significativa vía el ahorro, y se dependa en gran parte del sueldo mensual. Por lo tanto, perder el puesto es una catástrofe y ésta ocurre con frecuencia. Por diferentes razones, fusiones, cierres de empresas, cambio de línea de producción, desaparición de puestos, etc., miles de personas quedan sin empleo cada año. Quizás no exista una sola persona que no se haya preguntado qué pasará si pierde su empleo.

En estas circunstancias es inevitable una necesidad de seguridad. Un hombre que tiene deudas y, además, familia, actuaría tontamente si no tratara de asegurar su empleo. Sin embargo, debemos distinguir una actitud realista y una de excesiva precaución. Una persona haría mal en pasar por alto la posibilidad de perder su empleo, pero si sabe de sus capacidades también haría mal en dejar pasar una oportunidad de mejorar su empleo actual si le ofrecen alternativas que no aceptaría tan solo por el temor a la pérdida de su puesto. A pesar de este hecho, muchas personas se sienten inseguras, y a pesar de su talento, se rehúsan a correr algún riesgo. Están temerosos de pedir un aumento de sueldo, de pedir una promoción o de contrariar al jefe, que dejan que su inseguridad arrase con todas las oportunidades y se convierten en los "hombres sí". Dirán sí a todo lo que el jefe diga aun cuando se pisotee su dignidad.

Este grado de inseguridad generalmente puede deberse a antecedentes de pobreza. Los hombres que de niños fueron pobres frecuentemente están más temerosos que los que no lo fueron.

Aquellos ven la casa en que viven, la ropa, el automóvil y otras posesiones y los comparan con lo que no tuvieron en la infancia y se sienten horrorizados ante las perspectivas de perderlos. Estos sentimientos de inseguridad generalmente se esconden porque la cultura ejecutiva desaprueba que se tenga conciencia de la seguridad. Algunas personas justifican racionalmente un sentido de inseguridad hablando acerca de la lealtad, la disciplina, la automoderación y las responsabilidades familiares. Otros quizás traten de esconder el sentimiento comportándose exactamente de la manera opuesta: tratan de crear una imagen favorable arriesgándose tontamente.

La persona que tiene una fuerte necesidad de seguridad no debe esconderla ni racionalizarla, al menos no ante ella misma. Vivirá una vida mucha más feliz si acepta sus propias necesidades.

3. **La necesidad de aceptación social.** Las personas necesitan de las personas. Todos deseamos agradar a los demás y que nos acepten. Pero variamos ampliamente en cuanto a la fuerza de nuestra necesidad y en la clase de personas que puede satisfacerla. Algunas personas requieren de gran aceptación, otras de muy poca. La satisfacción se puede tener con el afecto de cualquier persona o se puede ser selectiva y buscar el afecto de una persona o grupo en particular. Aunque toda persona tiene su necesidad propia, la cultura de la organización generalmente la pasa por alto o la desaprueba. Se supone que los directivos estén por arriba de ella o que al menos su actitud sea discriminatoria en la clase de afecto que buscan. No se respeta a otros directivos que necesitan del afecto de los subordinados. Comentan que fulano "no es suficientemente duro" o "se preocupa más de su popularidad que de la producción". Esta actitud la causan en parte las demandas objetivas de la vida directiva y en parte, los celos. Esforzarse por obtener popularidad puede reducir la producción pero no siempre tiene ese efecto. De hecho, muchos directivos que son aceptados en sus empresas obtienen excelentes resultados y los hombres que los critican por su suavidad quizás los envidien por su desempeño.

Puesto que el conflicto entre la popularidad y la producción no es inevitable, no hay razón para que se niegue su necesidad de aceptación social. De cualquier manera, la persona que siente una gran necesidad de aceptación social debería encontrar empresas en las que esta necesidad se considere legítima.

4. **La necesidad de posición.** La mayoría de las personas desea más que la simple aceptación; quieren que los demás le muestren su deferencia, que respeten su prestigio y su posición. La posición es particularmente importante para nosotros debido a los problemas de movilidad social. Como es difícil acceder a una clase social superior, entonces el individuo que lo ha logrado siente que es un gran mérito lograrlo, por lo que siente que es necesario que se lo reconozcan. La necesidad de una posición social está íntimamente relacionada con la necesidad de definirnos a nosotros mismos. Extraño que pueda parecer, la cultura directiva considera esta necesidad como mucho más legítima que la necesidad de aceptación social, de la cual se deriva. Se supone que los directivos no deben preocuparse de la aceptación social, pero se estimula y respeta el esfuerzo por alcanzar un buen nivel social. A la persona que compite con éxito por una posición relativa se le considera como un recién llegado o como un hombre que va camino arriba.

La combinación de respetar una sociedad y rechazar otra que es su fundamento, muestra lo artificial de ciertos aspectos de la cultura directiva. Esta calidad artificial puede causar una confusión destructiva de sentimientos. Muchas personas se muestran temerosas de tratar de ganar aceptación directamente y tratan de satisfacer la necesidad indirectamente, compitiendo por puestos superiores y la posición social que las acompaña. Sin embargo, pronto descubren que subir los peldaños de la escalera no hace sino que se sientan más aislados. Debido a que las necesidades de posición y de aceptación social están tan íntimamente ligadas. Debido a que la posición social no satisfará la necesidad básica, se deben analizar los motivos individuales. No es lo mismo pensar que en una posición alta se puede tener afecto y reconocimiento e ir tras ésta, que ir tras la posición.

4.- La necesidad de una buena vida familiar. La vida familiar es menos importante en nuestra sociedad moderna que lo que fue hace una década. Las familias gastan menos tiempo juntas y muchas de las funciones de las familias han sido transferidas a instituciones sociales públicas. En las escuelas se proporcionan desayunos y se imparten materias que antes solo en la familia se obtenía dicho conocimiento. El deterioro de la unidad familiar es a la vez causa y efecto de otros acontecimientos. Actualmente casi todos los directivos se alejan del hogar durante una tercera parte de los días del año; una queja común que surge es, "no conozco a mis hijos".

Frecuentemente esta queja va seguido de racionalizaciones: "Los he estado descuidando, pero después de llegar al puesto X les dedicaré más tiempo". Quienes dicen esto saben que las exigencias de sus trabajos van en aumento, pero tratan de convencerse a sí mismos que en el futuro todo será diferente.

Si planteamos abiertamente la cuestión, "que es más importante para usted, su carrera o su familia?", la mayoría de los directivos contestará "mi familia". Pero sus actos contradicen sus palabras, cada vez está más lejos de involucrarse realmente en actividades que impliquen que toda la familia esté presente. Si se les hace ver la contradicción responderán 'pero si lo hago por mi familia".

Muchos directivos ponen objeción en que se les plantee tan crudamente la cuestión de que más autos, más casas lujosas, o más bienes materiales no es lo más importante para los miembros de la familia, pero el directivo así lo racionaliza. Además se prefiere dar la impresión de que trabajan por la familia cuando en realidad trabajan para sí mismos.

Desde luego, cada quien está en su derecho de autoengañarse, pero la decepción es tan contraproducente que es mejor ser honrado consigo mismo.

5. La necesidad de residir en un área que más le agrade. No existe una necesidad de residir en alguna área en particular, pero si se hace se resuelven problemas vinculados con muchas clases de necesidades. Algunas personas buscan residir cerca de sus parientes; otras desean un determinado tipo de clima; otras quieren vivir en ciudades pequeñas, mientras que a otras les gusta vivir en ciudades grandes. Aunque la zona donde uno viva puede tener un gran impacto sobre la persona, muchos directivos no lo toman en cuenta cuando toman decisiones importantes. Abandonan los lugares donde conjuntamente con su familia han vivido felices y aceptan empleos donde la ubicación termina por ser una cruz para la familia.

Es bueno realizar un análisis para determinar aquellas características de lo que nos agrada y desagrada de los lugares donde se ha vivido. Si no puede soportar la ubicación de su trabajo actual, está en camino de sentirse insatisfecho.

6. La necesidad de la variedad. Esta necesidad ha sido casi olvidada por completo en los libros de administración. Al parecer, sus autores suponen que el aburrimiento es sólo un problema en la línea de ensamblaje o en el piso de una tienda. Es cierto que los directivos tienen mucha más variedad en sus puestos que los trabajadores, pero muchos de ellos son presa del aburrimiento y es posible que lo expresen cambiando de puesto.

7. La necesidad de aprender. Por razones obvias, la necesidad de aprender es importante para hombres jóvenes. Se dan cuenta que sus conocimientos no son suficientes para enfrentar en lo futuro los retos para alcanzar las metas que se han trazado. Entonces anhelan más conocimiento y más información. Las empresas se compenetran de este anhelo y hacen hincapié en las oportunidades que ofrecen de aprendizaje y apoyo para la superación de sus trabajadores. Cuando el aprendizaje es importante para una persona, debe considerar que parte del conocimiento valioso lo va a obtener en el trabajo, no en salón de clases.

8. La necesidad de aplicar los conocimientos y habilidades. La necesidad de aplicar los conocimientos adquiridos, a menudo se ven frustradas cuando se hacen propuestas para mejorar la eficiencia, pero se da como respuesta "no lo hacemos tan mal", ¿por qué vamos a cambiar?" Esta actitud es una de las causas principales de la rotación de personal de las personas preparada.

9. La necesidad de independencia. Frecuentemente se obstruye la necesidad de independencia, y la obstrucción será mayor en el futuro. Conforme una empresa crece y se burocratiza, los directivos medios se verán menos independientes. La independencia es una fuerte necesidad para la mayoría de los directivos, la frustración llega ante las reglas y procedimientos de quienes administran con el "librito", todo al pie de la letra. Actualmente quedan pocos lugares donde satisfacer la necesidad de independencia. La desagradable verdad es que las oportunidades de independencia han venido declinando y los espacios cada vez se cierran más.

10. La necesidad de tener tiempo para uno mismo. Probablemente la necesidad que más se frustra es la de tener tiempo para uno mismo .Son tan largas las horas de trabajo y la de los actos sociales, que los directivos no tienen tiempo para sí mismos. Sin embargo, esto no es generalizable, a algunos directivos les gusta verse inmersos en una cantidad enorme de actividades que prácticamente los envuelve en una rutina. A una persona que le agrada tener tiempo para sí mismo, deberá hacer planes para contar con él. Debe decidir qué es lo más importante para él. Debe aprender a decir "no" cuando se le requiere de tiempo adicional.

11. La necesidad de beneficiar a la sociedad. Esta necesidad está directamente relacionada con la necesidad de logro, pero existen ciertas distinciones importantes. Un hombre puede tener la sensación de que ha logrado algo cuando es eficiente o productiva, pero no considerará que esté beneficiando a la sociedad. Esta necesidad rara vez se discute abiertamente, pero muchos directivos se sienten incómodos porque tienen la creencia de que sus aportaciones son inútiles para la sociedad. Cuando se sienten seguros para hablar del tema, tienen expresiones como "en realidad no me preocupo por el producto chatarra que mi empresa produce" o "a veces tengo deseos de hacer algo útil". Si una persona se preocupa porque piensa que los productos o servicios de su empresa son dañinos para la sociedad, entonces tiene una necesidad de hacer algo útil para la misma. Lo que cuenta es la convicción y el respeto que se tiene a los valores individuales.

12. La necesidad de definirse uno mismo. Aunque muchos de los elementos que hemos enunciado son intentos de autodefinición, la mayoría de los directivos se mofan cuando se habla de clarificar su identidad personal. En nuestro mundo confundido y caótico muy pocas personas está segura de su identidad, y mucho del esfuerzo que se hace para mejorar los ingresos, mejorar la posición social y aún el afecto, son en realidad intentos de dar solución a problemas de identidad. No es saludable que el concepto que tenemos de nosotros mismos lo finquemos sobre el ingreso, el puesto, las relaciones u otros factores extrínsecos; es un enfoque de autoderrota para la solución a los problemas de identidad. La resistencia que le oponemos al autoanálisis es especialmente fuerte cuando buscamos la verdadera razón de vivir. Los directivos son tan humanos como cualquiera otra persona y las presiones de la vida moderna garantizan que muy pocas personas pueden estar seguras de quienes son. Algunas de estas presiones son particularmente graves para los directivos. Se mueven en tantas direcciones y desempeñan tantos papeles dentro de la sociedad que la confusión e inevitable. Pretender que esta confusión no existe es, simplemente, rehuir al problema.

CAPITULO OCHO

A MANERA DE CONCLUSIONES

Entre las diferentes teorías psicopedagógicas, un concepto de madurez ha estado ligado a tareas de desarrollo (Erikson) y otro a la liberación de potencialidades (Rogers, Maslow). En esta última corriente de desarrollo del potencial humano, el término autorrealización subraya la plenitud humana y se utiliza como sinónimo de crecimiento personal. Maslow (1993) define la autorrealización como la "realización creciente de las potencialidades, capacidades y talentos; como cumplimiento de la misión -o llamada, destino, vocación-; como conocimiento y aceptación más plenos de la naturaleza intrínseca propia y como tendencia constante hacia la unidad, integración o sinergia, dentro de los límites de la misma persona".

Este desarrollo es posible por el descubrimiento de las potencialidades, gran parte de ellas inconscientes, oyendo estas voces-impulso, y también mediante la creación de la persona misma, en una serie de elecciones continuadas (Maslow, 1993). Para Rogers (1986) los individuos tienen dentro de sí vastos recursos de autocomprensión y para la alteración de conceptos propios, actitudes básicas y conducta autodirigida. Estos recursos son susceptibles de ser alcanzados, si se logra crear un clima definible de actitudes psicológicas facilitativas. Maslow (1997) definió a las personas sanas, personas motivadas por tendencias conducentes a la autorrealización, mediante la descripción de sus características personales observadas clínicamente y unos valores, valores del ser, objetivos de largo alcance de la educación humanista. Estas características son las siguientes:

1) una percepción superior de la realidad, 2) una mayor aceptación de uno mismo, de los demás y de la naturaleza, 3) una mayor espontaneidad, 4) una mayor capacidad de enfoque correcto de los problemas, 5) una mayor independencia y deseo de intimidad, 6) una mayor autonomía y resistencia a la indoctrinación, 7) una mayor frescura de apreciación y riqueza de reacción emocional, 8) una mayor frecuencia de experiencias superiores, 9) una mayor identificación con la especie humana, 10) un cambio (una mejora) en las relaciones interpersonales, 11) una estructura caracterológica democrática, 12) una mayor creatividad, 13) algunos cambios en la escala de valores propia.

Esta lista de características es para Maslow una lista de valores, de modo que estas experiencias "son los valores de la vida que más anhelamos, son los objetivos de la vida superior, de la vida buena, de la vida espiritual y de la educación en el sentido más amplio" (Maslow, A., 1990). A consecuencia de que Maslow estudió sujetos excepcionales, se ha considerado que la autorrealización se experimenta por relativamente pocas personas y solamente durante la edad adulta.

Sin embargo, el propio Maslow reconoce que la autorrealización prosigue durante toda la historia de la vida y que este proceso comienza probablemente en la infancia. Así, aunque la autorrealización se ha considerado como un concepto que representa un fin último entre los logros vitales, Maslow establece que todos los niños tienen el potencial de avanzar y crecer en esa dirección (Schatz, E.M. y Buckmaster, L.A., 1984).

Es por eso que A. S. Waterman (1990) en sus trabajos sobre el desarrollo de la identidad estudia, porque igualmente denotan valor, las experiencias autorrealizadoras de expresividad personal en la vida cotidiana, desde la motivación intrínseca, evidente ya en la infancia temprana, y la experiencia de fluir descrita ya por adolescentes, hasta experiencias ligadas al sentido de identidad personal como el desarrollo de habilidades, el logro de metas y la puesta en acción de los propios ideales. Para la psicología organizacional, el funcionamiento positivo, es decir el bienestar y la felicidad es el resultado de seis distintos componentes: 1) autoestima, evaluación positiva de sí mismo y de su pasado; 2) crecimiento personal, un sentido de continuo crecimiento y desarrollo como persona; 3) propósito en la vida, la creencia de que la vida de uno tiene un propósito y un significado; 4) relación positiva con otros, la posesión de relaciones de calidad con otros; 5) dominio del entorno, la capacidad de manejar efectivamente la vida de uno y el mundo circundante; 6) autonomía , un sentido de autodeterminación personal.

Hemos descrito los elementos anteriores y hemos dicho que gran parte de ellos se desarrollan en los grupos de entrenamiento y sensibilización que se imparten en universidades y en centros de trabajo. La gran utopía es generalizarlos para que se pueda hacer realidad el sueño de Rogers de dar nacimiento al hombre del mañana.

1. EL HOMBRE EN LA SOCIEDAD MODERNA

La persona humana es el origen, el centro y el fin de la sociedad, por eso ni la autoridad del grupo debe anular al individuo, ni éste debe desentenderse de su cooperación racional y efectiva al bien de todos. El menosprecio de la persona humana y sus legítimos intereses lleva a la masificación que da muerte a los valores primordiales de la vida. El desinterés por el grupo social y sus progresos conduce a un individualismo que mata la solidaridad.

Los problemas acuciantes de la sociedad contemporánea se vienen planteando por las diferencias que la realidad muestra ante los grupos humanos. Diferencias de poder, diferencias económicas, de razas, de profesiones, de ideologías en cuanto a la forma de interpretar la vida, y de, incluso de interpretar la muerte. Para algunos, oscuridad total, para otros, una trascendencia verdaderamente liberadora.

Esas diferencias provocan disputas, divisiones, ahondan celos, y determinan reacciones sociales diversas, que golpean al hombre y lo van encasillando en compartimientos aislados. Tan estancos a veces, que en ellos el individuo corre el riesgo de desaparecer. El peligro más grave que amenaza a la sociedad contemporánea es el extravío del hombre en la propia sociedad que él conforma. Esa sociedad que, como señaló el filósofo Jacques Maritain, "no ha sido instituida por la naturaleza para que la busque el hombre como fin, sino para que en ella, en la sociedad, posea medios eficaces para su propia perfección".

Cultura

Durante las pasadas décadas cambios económicos, tecnológicos y socio-políticos han transformado las culturas del mundo propiciando el nacimiento de la cultura global o la globalización de lagunas culturas. El mundo ha ido cambiando gradualmente sus valores y actitudes sobre la educación, el matrimonio, el divorcio, el aborto, el trabajo, la familia, la diversión, la integración familiar, la homosexualidad, sus creencias y prácticas religiosas, los asuntos que causan conflicto político y los incentivos que motivan a la gente a trabajar. Aunque las culturas cambian en respuesta al ambiente, éstas a su vez transforman el ambiente a su alrededor. Los efectos de la globalización ofrecen perspectivas útiles por las cuales se puede evaluar el impacto de la cultura en el desarrollo nacional e internacional. La globalización no sólo aumenta la sensibilidad hacia las diferencias, sino también hacia las interdependencias (Shanker, 1998).

La cultura abarca símbolos, significados, valores, instituciones, conductas y todos sus derivados, que caracterizan a una población humana identificándola y distinguiéndola de las demás. La palabra cultura lleva consigo su propio peso de asociaciones en lenguajes y tradiciones diferentes. Las culturas poseen:

> • Un sistema de valores significativos (que le dan significado a la existencia en su totalidad) y normativos (que proveen reglas de conducta de cómo vivir la vida);
> • una base compartida (territorio común, historia, lenguaje, raza o antepasados), que identifica a la gente como miembro de un grupo; y

• la voluntad o decisión de ser identificado primeramente como miembro de esa comunidad (Shanker, 1998).

Por lo tanto, la cultura suple identidad, provee un sistema de significados y asigna un lugar a sus miembros en el esquema total de las cosas. Lo importante no es entender lo que es la cultura sino cómo las personas usan el término en el discurso contemporáneo. La cultura es una forma de vida como también lo es el contenido de las bibliotecas, de los museos, de los códigos de conducta religiosos y morales, etc. y se ha convertido en un término que describe la vida social de los individuos. Esta provee: lentes de percepción y cognición (cómo las personas perciben su mundo); motivos para la conducta humana; criterios de evaluación (bueno/malo, feo/bonito, terrorista/defensor de la libertad); bases de identidad (religión, etnia); modos de comunicación (lenguaje, arte e ideas); bases de estratificación (clase, rango, género); y sistemas de producción y consumo (Mazrui, 1990).

De acuerdo a Wild (1999) hay un consenso claro de que la cultura tiene que tener una influencia definitiva y bien fuerte en el diseño y el uso de la información, en los sistemas de comunicación y de aprendizaje, así como en su manejo, aunque no haya investigaciones identificables en estas áreas. En todas las áreas de la actividad humana, la conducta de las personas está afectada por los valores y actitudes que tienen y las normas que los rodean. Cuando los valores están ampliamente compartidos por un grupo de personas, éstas están provistas de mecanismos comunes por los cuales pueden entender e interpretar su mundo.

La cultura es más que una abstracción, consiste también de un sistema de símbolos distintivos junto con artefactos que capturan y codifican las experiencias importantes y comunes de un grupo. Significados simbólicos distintivos e importantes y valores se desarrollan alrededor de la información, de su uso y de su estructuración en cualquier grupo cultural. Cuando el acto de diseño estructural traslada la información en productos o artefactos de aprendizaje, ese artefacto incorpora influencias culturales como el punto de vista del diseñador instruccional, sus valores, ideologías, cultura, clase social y género y su compromiso con un paradigma en particular. Todos estos factores culturales que interactúan tienen una importancia particular para la difusión y la eficacia en el uso de la información, la comunicación y los sistemas de aprendizaje como la "web" o red electrónica, y los productos y materiales de aprendizaje provistos en esos sistemas (Wild, 1999).

A pesar de la globalización, las compañías que utilizan el comercio electrónico no pueden ignorar la cultura, las costumbres y el sistema social del país donde está expandiendo su negocio. La localización del comercio electrónico envuelve no solo la traducción del lenguaje sino también la adopción de las culturas locales de los sistemas sociales (Casey, 2001). Meshkati (2002) concluye en su estudio de transferencia de tecnología, que las teorías y modelos de análisis de la conducta que se desarrollan en un país reflejan las características de ese país y puede que no se puedan aplicar completamente a otros países. Por lo tanto, una organización que transfiere tecnología a un país con una cultura diferente debe intentar adaptarse completamente a las dimensiones culturales del país anfitrión.

El desarrollo es un proceso continuo que incluye a la tecnología y ninguna cultura, sociedad e individuo están exentos de éste. Ese desarrollo es un proceso recíproco que involucra a todos y que obliga a las culturas a transformarse y a la vez hace que los sistemas de valores se prueben y que la gente del mundo enriquezca sus puntos de vista. Las personas necesitan la cultura. Ser capaces de decidir juntos cómo vamos a vivir colectivamente en el sentido más amplio, qué vamos a valorar y qué vamos a creer, qué sentido le vamos a dar a nuestra vida cotidiana. Los discursos sobre la cultura y la modernidad sugieren que los términos culturales de modernidad no son fijos, sino que están abiertos a cambios y a retos. Las culturas locales ciertamente se van a transformar y se van a beneficiar de las culturas del mundo pero lo harán bajo diferentes condiciones que apenas estamos comenzando a comprender.

EL HOMBRE

El hombre está viviendo una era en que sus angustias le exigen más que nunca estar cerca de sus congéneres, lo lleva a la agregación, suma humana que le dé la fuerza que individualmente va perdiendo, acaso por una incontenible explosión demográfica. Nacen así los grupos sociales, identificándose en las simpatías comunes, en los ideales comunes, en las actividades comunes. Sin embargo, en esas asociaciones, como los gremios, los clubes, toda agrupación humana unida por una afinidad determinada, el hombre, que en ellas desarrolla sus condiciones individuales y cumple el sentido de su existencia personal, corre el riesgo de desaparecer en cuanto el grupo, voluntaria o involuntariamente, lo absorba y lo desnaturalice en lo que él es como esencia, como persona humana, con un espíritu que le da dignidad absoluta, por estar en relación directa con el reino del ser, de la verdad, de la bondad, de la belleza y con Dios. Las asociaciones de cualquier tipo sólo son válidas si son comunidades de seres libres. Se transforman en masa, interconexión de robots, cuando en ellas se pierde la posibilidad individual de expresión. Está allí la diferencia notable entre la socialización humana y los socialismos que implican colectivismos deteriorantes de la dignidad humana.

La idea que queremos expresar, está vinculada con la necesidad de que como seres pensantes, seamos capaces de advertirnos y avisar a la sociedad que queremos servir, que el individuo no debe ser jamás absorbido por grupo alguno. Que es en los grupos humanos donde debe superarse, donde debe formarse y destacarse. Pensamos en toda clase de asociación humana como escuela de individuos, que, desde distintos estamentos, reconocen el espíritu del hombre individual como el gran valor que hay que defender, para que todo servicio que se pueda ofrecer no sea perdido en lo material, en lo mecánico, en la masa, sino que obre como célula propulsora de acciones positivas por el hombre, para el hombre. Pensamos en la importancia que puede llegar a tener para el éxito de nuestra sociedad trabajar teniendo en cuenta este profundo requerimiento.

EL INDIVIDUO

La persona individual al agregarse a un núcleo humano cualquiera, lo hace en nombre del acatamiento de cierta autoridad. Acatamiento voluntario que acepta limitación de su libertad por la comunidad, en aras de la idea de mantenerse libre, de expresar la opinión propia, de que su personalidad no sea anulada, sino que pueda ser ejercida en la búsqueda de la propia perfección que su espíritu pretende. Si la autoridad del grupo anula al individuo, lo social del mismo pasa a ser despotismo en el que el ser individual perece, atrayendo entonces consecuencias malsanas para todos los que se vinculan, interna o externamente, a tal actitud. ¿No olvidamos a veces esta verdad?

Romano Guardini, en su libro, "Preocupación por el Hombre", señala que se puede definir a éste como "aquel ser que se puede equivocar porque solo en la libertad puede elegir lo justo". La posibilidad de equivocarse es esencial al hombre libre. Los grupos, a través de las mayorías que los representan y dirigen, a través de sus líderes, pueden llegar a eliminar esa libertad que hace al ser libre, al hombre. El individuo puede quedar a la sombra de entidades colectivas que lo olviden o desprecien.

El conocido periodista Jean-Francois Revel escribía en la revista italiana personas que, "el tiempo de lo impersonal se da en la omnipotencia del anonimato, de la masa..." La ideología atrayente que predicó en los años 60 y 70 que el hombre es sólo un engranaje de los mecanismos de la sociedad, ha alentado un error grosero que lleva a eliminar al individuo, a la persona humana libre. Lo mismo ocurrió en los 80 y 90 y fue solo hasta el inicio del presente siglo cuando se retomó el interés por la autorrealización del trabajador. Entonces, la realidad natural de que no hay dos personas iguales, ni con iguales necesidades u objetivos, fue olvidada conduciendo a sistemas totalitarios que se forman inicialmente en la idea de unir seres libres, pero que después, absorben al individuo y degeneran las sociedades, anulando los valores primordiales de la vida, que son los referentes al espíritu y no los referentes a lo material. La caída del muro de Berlín puso fin a los regímenes totalitarios en países desarrollados y fue la ficha del dominó que ha ido propiciando su caída en otros países.

El hecho que describimos, es decir, el olvido de la importancia del individuo dentro de un grupo social de cualquier tipo, lleva en las macro-dimensiones sociales a estatismos colectivistas que, insistimos, sumergen los valores del espíritu del hombre. En las dimensiones menores podría originar instituciones vacías, con compromisos sólo materiales que se cumplen mecánicamente. No podemos querer esto. En nuestro trabajo común debemos mantener siempre la llama del genio humano y por ello racional. Esto solo se logra respetando el espíritu del hombre individualmente, sus inclinaciones naturales, las que se reconocen no tanto a través del raciocinio como la conciencia individual, ese "yo", esa fuerza interna en cada uno de nosotros, que nos dice desde alguna profundidad insondable, que es lo que está bien y lo que no está bien.

LA CONCIENCIA

La conciencia individual se forma en cada ser humano desde siempre. Cada cosa, cada acto, cada situación, desde la cuna, va formando en el individuo ese valor que lo destaca. Eso que los sociólogos llaman sindéresis, acumulación de valores recibidos sin intención de autocapacitación. Por ello se hace necesario promover a la verdad, que es la suma de las virtudes humanas. Si la verdad triunfa, la conciencia humana en cada individuo será mejor y ella coadyuvará a la perfección de las conciencias individuales y de toda la sociedad. De una sociedad donde el hombre, individualmente, sea protegido en sus valores íntimos.

Según Steve Pavlina la consciencia se refiere, generalmente, al saber de sí mismo, al conocimiento que el espíritu humano tiene de su propia existencia, estados o actos. Es decir, la consciencia es un conocimiento de uno mismo y de todo lo que de ello emana.

En su libro "Power vs. Force" (Poder contra Fuerza), David R. Hawkins presenta una jerarquía de los niveles de la consciencia humana. Se trata de un paradigma interesante. De inferior a superior, los distintos niveles de consciencia son: vergüenza, culpa, apatía, amargura, miedo, deseo, odio, orgullo, coraje, neutralidad, voluntad (willingness), aceptación, razón, amor, dicha, paz e iluminación. Estos niveles de consciencia pueden también describirse como estados del ser, y todos nosotros conocemos al menos unos cuantos de ellos.

Generalmente entramos y salimos de estos estados durante el día, aunque existe uno que podemos considerar nuestro estado habitual.

Si estás leyendo esta página es probable que estés al menos al nivel de coraje porque si te encontraras en un nivel inferior seguramente carecerías de un interés consciente en el desarrollo personal.

Hawkings define esta escala como logarítmica. Esto significa que, a medida que uno asciende en la escala, la distancia entre los diferentes niveles es cada vez mayor. Ascender a un nivel superior tendrá un enorme impacto en tu vida.

Si tienes problemas para visualizar o imaginar lo que es un estado de consciencia (es un concepto extremadamente complejo) puedes asimilarlo a un estado mental, a un estado fisiológico, a un nivel de pensamiento, a una perspectiva o a una actitud. Una vez le leí a alguien que expandir la consciencia consiste en expandir el campo semántico (de la experiencia de estar vivo), lo cual para mí tiene mucho sentido. Cuanto más significado seas capaz de asignar al momento que estás viviendo, más intenso será. Con lo cual, para expandir tu consciencia, te recomiendo que te acostumbres a dar un sentido y un propósito a tus actos, por pequeños que sean. La diferencia entre vivir una vida con y sin propósito es la diferencia entre el día y la noche.

Veamos los diferentes niveles de consciencia prestando especial atención a aquellos situados entre el coraje y la razón.

- **Vergüenza**: Es el lugar inmediato por encima de la muerte. Si te encuentras en este estado, probablemente estás contemplando el suicidio. O quizá estés dirigiendo todo el odio que sientes hacia ti mismo hacia otros.
- **Culpa**: Un paso por encima de la vergüenza, aunque todavía puedes estar teniendo algún pensamiento de suicidio. Piensas sobre ti mismo como una persona despreciable, incapaz de perdonarte por tus errores pasados.
- **Apatía**: Te sientes desesperanzado o victimizado. Es un estado de impotencia aprendida.
- **Amargura**: Un estado de tristeza perpetua y sentimiento de pérdida. Puedes caer a este nivel tras la pérdida de un ser querido. Es el estado de la depresión. Por encima de la apatía, estás empezando a dejar atrás el entumecimiento.

• **Miedo**: Ves el mundo como peligroso y terrible. Paranoia. Generalmente necesitarás ayuda para dejar este nivel, como por ejemplo si estás envuelto en una relación abusiva.

• **Deseo**: Diferente al deseo de fijar y lograr metas, este es el nivel de la adicción, las ansias y la lujuria (hacia el dinero, la aprobación, el poder, la fama, etc.). Consumismo. Materialismo. Este es el nivel de fumar, beber y utilizar drogas.

• **Odio**: Este es el nivel de la frustración, generalmente por no haber conseguido saciar tus deseos en el nivel inferior. Este escalón puedo dispararte hacia niveles más altos o puede hacer que concentres y redirijas el odio hacia ti mismo. En una relación abusiva es habitual encontrar a una persona en "odio" emparejada con otra persona en "miedo".

• **Orgullo**: Es el primer nivel en el que te empiezas a sentir bien, aunque se trata de un sentimiento ilusorio. Es dependiente de circunstancias externas (dinero, poder, prestigio, etc.), así que es vulnerable. El orgullo puede llevar al nacionalismo, al racismo, al fanatismo y a las guerras religiosas. Te sientes tan apegado a tus creencias que consideras un ataque a las mismas como un ataque a ti mismo.

• **Coraje**: Este es el primer nivel de verdadero poder. Es donde empiezas a ver tu vida como excitante y llena de posibilidades en vez de aplastante y sofocante. Empiezas a sentir un interés por el desarrollo personal en cualquiera de sus formas. Empiezas a ver tu futuro como una mejora de tu pasado en vez de una continuación del mismo.

• **Neutralidad**: Este nivel se puede definir con la frase "Vive y deja vivir". Es flexible, relajado y sin apegos. Eres capaz de fluir con la corriente. Dejas de tener cosas que probar. Te sientes seguro y bien con otra gente. Es un lugar cómodo. Es el nivel de la complacencia y la pereza. Te haces cargo de tus necesidades pero no te empujas mucho más allá.

• **Voluntad**: Ahora que estás seguro y cómodo, empiezas a emplear tu energía más eficientemente. Ahora es insuficiente hacerlo sólo moderadamente bien. Empiezas a pensar en cómo dar lo mejor de ti mismo. Piensas en cómo manejar mejor tú tiempo, en la productividad, en organizarte de manera óptima, conceptos que eran menos importantes en el nivel inferior. Este nivel es el del desarrollo de la voluntad y de la autodisciplina. Estas personas son los soldados de la sociedad: hacen las cosas bien y se quejan poco. Este es el punto en que la consciencia se vuelve más organizada y disciplinada.

• **Aceptación**: En este punto tiene lugar un cambio poderoso, y te despiertas a las posibilidades de vivir proactivamente. En el nivel anterior te has convertido en competente y ahora deseas dar un buen uso a tus habilidades. Este nivel es el de fijación y consecución de metas. Si hay algo que sientes que está mal en tu vida (tu trabajo, tus relaciones, tu salud) defines el resultado deseado y tomas las acciones necesarias para llegar hasta él. Empiezas a ver la película de tu vida con más claridad. Este nivel lleva a mucha gente a cambiar de carrera, empezar un nuevo negocio o hacer fuertes cambios personales.

• **Razón**: En este nivel trasciendes los aspectos emocionales de los niveles inferiores y empiezas a pensar clara y racionalmente. Cuando llegas a este punto eres capaz de emplear tus habilidades de razonamiento hasta el límite de sus posibilidades. Ahora posees la disciplina y la proactividad para explotar tus capacidades naturales sin que aparezcan emociones como el miedo o la vergüenza. Echas un vistazo al mundo y empiezas a hacer contribuciones significativas. Este es el nivel de Freud o Einstein. La mayor parte de las personas no alcanzan este nivel durante sus vidas.

• **Amor**: Independiente de lo que conocemos como la emoción del amor. Se trata del amor incondicional, la comprensión permanente de tu conexión con todo lo que existe. Compasión. En el nivel de la razón vives al servicio de tu cabeza, pero finalmente se convierte en un callejón sin salida en el que caes en el sobreanálisis. En el nivel del amor pones tu cabeza, tus habilidades y tus capacidades al servicio de tu corazón (no tus emociones, sino tu propio y más amplio sentido del bien y del mal). Este es el nivel en el que uno despierta a su propósito vital. Es un nivel de servicio y entrega a la humanidad. Piensa en Gandhi o Teresa de Calcuta. En este punto empiezas a ser guiado por una fuerza más grande que tú mismo. Es un sentimiento de rendición. Tu intuición se desarrolla y se convierte en tu mayor guía. Hawkins afirma que sólo 1 entre 250 personas alcanza este nivel durante la vida.

• **Dicha**: Un estado de felicidad permanente e inquebrantable. Es el nivel de los santos y de los espiritualmente avanzados. El mero hecho de estar con alguien que se encuentre a este nivel te hace sentir muy bien. En este punto la vida está guiada meramente por la intuición y las sincronicidades. Hacer planes y fijar metas deja de tener interés ya que la expansión de tu consciencia te permite operar a un nivel muy superior. Una experiencia cercana a la muerte puede catapultarte temporalmente a este nivel.

• **Paz**: Un estado de completa trascendencia. Hawkins afirma que este nivel es alcanzado sólo por una persona en un millón.

• **Iluminación**: El nivel más elevado de la consciencia humana. Extremadamente excepcional. Es el nivel de Buda o Jesucristo. El mero hecho de pensar en estos personajes puede elevar tu consciencia.

No sólo las personas pueden ser clasificadas en el mismo, sino también los objetos, los acontecimientos y las sociedades. En tu propia vida observarás que unas partes de la misma se encuentran en diferentes niveles que otras, aunque probablemente seas capaz de identificar cuál es tu nivel general. Puede que estés en el nivel de neutralidad pero todavía seas adicto a fumar (nivel de deseo). Los niveles inferiores de ti mismo suponen un lastre para los niveles superiores y limitan tu ascensión en la escala. También puede que te encuentres en un nivel de aceptación y leas un libro en el nivel de la razón y te sientas inspirado a emprender acciones. Piensa en las diferentes influencias en tu vida. ¿Cuáles elevan tu consciencia? ¿Cuáles la reducen?

Un aspecto interesante de esta escala es que permite observar la propia evolución a lo largo de la vida. Es fácil recordar etapas marcadas por la culpa, especialmente si has sido adoctrinado en algún tipo de religión donde eres un ser fundamentalmente pecador que no hace una a derechas. Es posible que hayas experimentado etapas de apatía ante la vida, momentos en los que todo parecía carecer de sentido. Quizá estés en el nivel del orgullo, donde aspectos como ser socio de un club de fútbol forman un pilar fundamental de tu identidad como ser humano y cualquier comentario despectivo respecto a "tu" club es tomado como un ataque a tu propia identidad.

Fluctuamos de manera natural entre varios de estos estados a lo largo de una misma semana, dependiendo de las actividades en que nos ocupemos y del contexto en el que estemos. Una forma de saber cuál es tu estado natural es pensar en cómo reaccionas en situaciones en las que te encuentras bajo presión. Si estrujas una naranja obtienes zumo de naranja; eso es lo que la naranja tiene dentro, su esencia. Con los seres humanos sucede algo similar. ¿Qué te sucede bajo presión? ¿Te vuelves paranoico y te encierras en ti mismo (miedo)? ¿Empiezas a gritar a otros (odio)? ¿Te pones a la defensiva (orgullo)?

Cualquier cosa de tu entorno influirá en tu nivel de consciencia: la televisión, las películas, los libros, las páginas de Internet, las personas, los lugares, los objetos, la comida. Si te encuentras en el nivel de "razón", probablemente ver las noticias en la tele disminuirá temporalmente tu nivel de consciencia. Esto es debido a que estos espacios están motivados básicamente por el miedo y el deseo. Si estás en el nivel de "culpa", ver las noticias probablemente te haga sentir mejor.

Avanzar de un nivel a otro requiere una gran inversión de energía. Sin esfuerzo consciente dirigido o sin la ayuda de otras personas, es posible que permanezcas mucho tiempo en tu nivel a menos que tenga lugar algún acontecimiento externo a ti.

Observa la progresión natural de los niveles y piensa en lo que sucede cuando tratas de atajar el proceso. Si tratas de llegar al nivel de "razón" sin desarrollar la autodisciplina y la fijación de objetivos, serás demasiado desorganizado y te faltará la concentración necesaria para llevar tus habilidades cognitivas a su máximo potencial. Si tratas de alcanzar el nivel del amor antes de dominar la razón, puedes terminar siendo demasiado crédulo y acabar en una secta.

Alcanzar un nivel superior es una tarea ardua; mucha gente no lo logra en toda una vida. Un simple cambio de nivel puede tener un enorme impacto en tu vida. Las personas en niveles por debajo del coraje no llegarán lejos sin ayuda externa. El coraje es necesario para romper una y otra vez la propia concepción de la realidad para explorar nuevas posibilidades. Cuando uno alcanza el nivel siguiente, se da cuenta de que el esfuerzo ha valido la pena. Por ejemplo, cuando llegas al nivel del coraje te das cuenta de que tus anteriores miedos y tu falso orgullo eran en realidad una tontería. Cuando llegas al nivel de aceptación (fijar y perseguir objetivos), miras hacia atrás y te das cuenta de que eras como una rata en una rueda; corrías mucho sin ninguna dirección en concreto.

Pienso que uno de los trabajos más importantes puede hacer un ser humano es aumentar su nivel de consciencia. Probablemente sea una de los sentidos, si no el único, de la propia evolución. Cuando aumentas tu nivel de consciencia, estás colaborando a otros a tu alrededor también lo hagan. Imagina qué tipo de mundo sería este si toda la gente estuviera al menos en el nivel de aceptación. De acuerdo con Hawkins, el 85% de la población mundial se encuentra por debajo de la línea del coraje.

Es conveniente trabajar en aumentar el propio nivel de consciencia. Cada escalón requiere de diferentes recursos. Si estás basculando de la neutralidad a la voluntad, te convendrá leer o informarte sobre cómo organizarte mejor. Regalar un libro sobre gestión del tiempo será casi ofensivo para alguien en el nivel de orgullo y el mismo concepto será algo irrelevante para alguien en el nivel de paz. No puedes llegar a los niveles superiores sin haber dominado los niveles inferiores. Jesucristo fue carpintero, Gandhi abogado, Buda un príncipe. Todos tenemos que empezar por algún sitio.

Echa un vistazo a la jerarquía y observa si puedes extraer algunas conclusiones sobre cómo enfocar tu siguiente paso evolutivo. Es irrelevante encontrarse en un nivel o en otro; lo importante es avanzar. Evita que tu ego se enrede en la idea de estar en un cierto nivel en particular. A menos que estés en el nivel de orgullo, claro...

¿Qué conclusión extraer de estas reflexiones? ¿En que aplicar estos pensamientos? Ante todo, reconociendo que es en el respeto de la individualidad de cada prójimo, que está la clave de una acción fundada que, sin anularlo, permita a los grupos actuar en favor del bien común. El respeto de la individualidad se muestra en la aceptación y discusión en libertad de todas las ideas, en la aceptación y promoción de la participación de cada uno en el todo de una asociación o grupo humano.

En segundo lugar, que al actuar socialmente, sea como asociación, sea como movimiento de ideas, sea como participantes de una política o una filosofía, en cualquier tipo de agregación humana, lo hagamos cuidando, preservando, que no se afecte al individuo, pues como vimos, el olvido de su importancia como tal, induce a la deformación materialista de cualquier acción que se promueva.

Por último, tomando conciencia de que cada ser humano posee valores; que es capaz de amar, de entregarse por causas a las que la razón no de sentido, pero que el espíritu valora y engrandece. Si lo hacemos, estaremos en condición de lograr que un grupo cualquiera de hombres pueda mover montañas. Pueda alcanzar las metas más difíciles, haciendo que un conjunto de individuos obtenga un resultado superior a la pura suma matemática de ellos y les agregue la fuerza maravillosa de la individualidad.

Aunque los pensadores económicos creen que han construido modelos de mercados libres de valores, sus ideas fueron formadas por sus propias condiciones sociales y culturales. La mayoría de las personas a través del mundo se aferran a sus valores anclados en sus sistemas culturales. Por eso, es esencial mirar de cerca el rol que juegan esos valores en el desarrollo económico y tecnológico de los países del mundo. Una estrategia de desarrollo sólida requiere un examen crítico de los valores a la luz de las necesidades humanas modernas, que lleve a la formulación de metas para un desarrollo que sea apropiado a las personas en cuestión. Lo importante es definir esas metas considerando cómo las fortalezas de esa cultura, visibles o latentes, se pueden explotar para lograr esas metas.

El desarrollo del ser humano completo es imposible si sus valores esenciales son excluidos. Los logros económicos, políticos, técnicos y culturales no agotan los triunfos creativos de los cuales los seres humanos son capaces. Antes se creía que las diferencias culturales se desvanecerían con la embestida de la modernización. Pero la globalización ha sido acompañada del resurgimiento de las tradiciones culturales locales y de la creciente comprensión de que hay algo más para las sociedades y la conducta humana que la tecnología y la economía. Las culturas locales juegan un papel importante en guiar la acción humana y en mantener unida a la sociedad.

CONCLUSIONES: LA AUTOREALIZACIÓN

Como Maslow, Rogers consideró que los humanos tenían una tendencia natural a la realización. Según Rogers, los humanos necesitan y buscan básicamente su satisfacción personal y el establecer relaciones muy estrechas con los demás.

Consideraba que nuestra postura frente al mundo se decidía fundamentalmente en la percepción que tenemos de la realidad y de las demás personas, por eso lo realmente interesante es buscar una buena forma de relacionarnos con el mundo. Algunas personas tratan de relacionarse con el mundo de una forma más "objetiva" considerando tantas fuentes de información como sea posible (por ejemplo, diversos datos sensoriales, las opiniones de otras personas y los resultados de estudios científicos), mientras otras intentan evitar el contacto con información posiblemente conflictiva (opiniones de los demás, datos de los periódicos… etc.) y se comportan dando más valor a sus impresiones subjetivas.

No existe camino seguro a una "realidad verdadera" conforme a la que se haya de vivir, pero Rogers creía que una postura abierta a las diferentes posibilidades nos mantendría más vivos y con más posibilidades de una buena vida. La persona debe estar abierta y sensible a las experiencias internas (sensaciones, sentimientos, pensamientos y otros) así como al ambiente externo (las opiniones de los demás, los hechos agradables y desagradables... etc.).

De acuerdo con Rogers, los humanos nos encontramos en un estado de "ser y convertirnos en", siempre estamos en camino de convertirnos en otra cosa diferente de lo que somos con el fin de hacer nuestra vida más plena. Por eso es tan importante vivir en un ambiente que nos permita el crecimiento personal, que no nos estanque ya definitivamente en una horma de ser, de pensar, de sentir... etc. Solamente así es posible la realización como hombres y la felicidad.

Según Rogers, la tendencia a la realización es el único motivo básico humano. Creía que el organismo humano tiende de manera intrínseca a conservarse y a esforzarse por mejorar; esto es lo que quiso decir con "realización".

El ser humano es básicamente activo y si las condiciones son favorables intentaremos desarrollar nuestras potencialidades al máximo; cuando no se da este desarrollo el individuo entra en una crisis y se convierte en un ser problemático e infeliz. Los aspectos específicos del crecimiento humano varían de persona a persona; no todos harán exactamente las mismas cosas cuando las condiciones sean propicias para la realización. A modo de ejemplo, un individuo podría elegir involucrarse intensamente en la vida de familia y la educación de los hijos, afanándose por realzar sus experiencias dentro de ese contexto, en tanto que otra persona podría estar muy interesada en aumentar su competencia profesional y en entablar relaciones significativas no matrimoniales.

Sin embargo hay generalizaciones que son válidas, podemos referirnos a algunas que son muy importantes para el crecimiento y realización personal en todas las personas:

- La flexibilidad en vez de la rigidez.
- La apertura en vez de la actitud defensiva.
- La autonomía (mayor libertad del control externo) en vez de la heteronomía.
- Un autoconcepto positivo y realista.

Estos tres elementos pueden dar una buena pista sobre nuestra postura más dispuesta o menos dispuesta hacia la realización y la felicidad plena. Para lograr esto propone una serie de pautas a aplicar en la vida de cada uno:

1. Dejar de utilizar máscaras: no aparentar una cosa que no eres, gastamos muchas energías disfrazando nuestra verdadera personalidad. En la clase, por ejemplo, seguro que intentamos parecer mucho más adultos, seguros, violentos, despreocupados... de lo que realmente somos. Uno mismo es quien sabe mejor cómo es, pero el hecho de quitarse la máscara, de salir de la fachada que nosoculta cómo somos realmente nos da miedo, y por eso preferimos ocultarnos.

2. Dejar de sentir los «debería». La conducta de las personas está marcada por muchos elementos. Uno de ellos son las normas, que nos dan nuestros padres, la autoridad social, la presión social, etc. Hay un momento en que estas normas están tan interiorizadas, nos marcan de tal modo, que las seguimos aunque no queramos seguirlas. Es decir, hacemos las cosas porque nos han dicho) que "debes hacerlo» y no porque realmente queramos hacerlo o creamos que es la manera más adecuada de hacerlo. un ejemplo claro de esto podría ser la relación que mantenemos con nuestros padres. Ellos, con sus recomendaciones, sugerencias y órdenes, intentan, con toda la buena voluntad del mundo, ponernos en el buen camino. Y nosotros, en cuanto no seguimos alguno de estos planteamientos, tenemos mala conciencia. Nos avergonzamos de nosotros mismos por no haber atendido a sus prescripciones. El hecho de cambiar esta forma de hacer y de dejar de seguir los «debería" es una fase fundamental del proceso.

3. Dejar de satisfacer expectativas impuestas. La psicología social nos dice que tendemos a hacer aquello que hacen los otros. Nuestra cultura pretende que los individuos sigan unos patrones, unos modelos y cumplan determinadas expectativas. La consecuencia es que las personas viven de acuerdo con valores que los otros han fijado pero que tal vez no sean nada significativos para ellas. Por ejemplo, una expectativa social de un estudiante de bachillerato es que vaya a la universidad, tenga un trabajo de prestigio, forme una familia y gane mucho dinero. Pero tal vez una persona, al acabar la secundaria, prefiera viajar por el mundo, o dedicarse a una actividad de voluntariado en una ONG, o retirarse a una granja en el campo para dedicarse al cultivo biológico, o simplemente pasarse un tiempo de tranquilidad porque no sabe qué quiere hacer...etc. Sin embargo, la mayoría de las veces no nos atrevemos y nos vemos vencidos por las exigencias sociales.

4. Dejar de esforzarse por agradar a los demás. Muchas personas se han educado y se han formado intentando siempre agradar a los demás y con el miedo permanente a recibir una crítica o una censura por parte de los otros. Esta conducta les convierte en esclavos de esta idea y les impide que se acepten a sí mismos como son y desarrollen su propia personalidad; estos individuos son incapaces de desarrollarse, únicamente viven a la espera de ver qué espera el otro para actuar. Las personas que realmente son libres, que se han aceptado a sí mismas, dejan de intentar hacer las cosas en función de los otros, hacen las cosas porque las quieren por sí y para sí.

5. Auto-orientarse. Elegir desde tu propia autonomía tus objetivos y tener en buena parte de ellos las razones de esta lección. Significa ser autónomo, no depender de los demás, de la familia o de la pareja; saber que si te equivocas eres el único responsable y que nadie va a venir a sacarte las castañas del fuego. Esta autonomía genera miedo porque uno se ve "solo ante el peligro", pero la dependencia es aún peor, nos lleva a sufrir mucho más.

6. Comenzar a ser un proceso. Las personas que se aceptan a sí mismas notan que entran en un proceso constante de cambio y aún disfrutan de ello; no tienen miedo a cambiar de trabajo, de lugar de residencia... el mundo no les queda grande y no tienen miedo a perder cosas si ganan otras. No se esfuerzan por llegar a estados definitivos porque prefieren no estancarse.

7. Aceptar la propia complejidad. La experiencia de este estilo de cambios implica aceptar la propia complejidad. No vernos de manera simple en la que o somos buenos o malos, o trabajadores o perezosos, o simpáticos o aburridos. Las personas que no se aceptan a si mismas tienden a generalizar situaciones: si tienen un desastre amoroso pasan del "no le gusto a mi pareja..." a "no le gusto a nadie", si una noche de fiesta están aburridos, espesos, torpes... concluyen que son un muermo (y en el caso contrario se ven como Travolta en "Fiebre de Sábado noche"). Aceptarse a sí mismo significa aceptar la complejidad; significa que puedo ser a veces simpático y a veces aburrido, a veces bueno y amable y otras bastante egoísta. Los momentos buenos no les lleva a "endiosarse" ni los malos a tirarse por el Walter.

8. Comenzar a abrirse a la experiencia; significa comenzar a verse como lo que uno realmente es, no evitar ninguna parte de nuestra personalidad aunque nos resulte oscura o desagradable.

9. Comenzar a aceptar a los otros. Solamente si nos aceptamos a nosotros mismos podremos estar bien con las demás personas. A medida que aceptamos nuestra experiencia, estamos más capacitados para recibir las cosas que nos proponen los otros. El que no se acepta, nunca estará cómodo en la relación con los otros ya que trasladará su idea sobre sí mismo sobre los demás pensando que tampoco ellos le aceptan.

10. Comenzar a confiar en sí mismos. Comenzar a aceptar nuestra propia forma de ser nos dará tranquilidad y confianza. Confiar en uno mismo no significa adoptar una actitud prepotente y pensar que "todo lo hago bien", significa más bien no tener temor a equivocarse y atreverse a experimentar; tal vez nos guste la literatura y escribir pero, cuando lo hemos intentado descubrimos que no estamos a la altura de las obras que leemos; si confiamos en nosotros mismos aceptaremos nuestra carencia y trataremos de mejorar día a día; si no confiamos en nosotros mismos descartaremos posibilidades que nos atraen mucho con la excusa de "no ser suficientemente buenos". Algunos ejemplos de esto son personajes como Einstein, que no estaba suficientemente preparado en física pero siguió con sus investigaciones como creía honestamente que debía hacerlo.

EL YO: EL CONCEPTO DE UNO MISMO.

La noción de yo o autoconcepto es tan importante en la psicología de Rogers que a su teoría se la suele llamar "teoría del yo". La forma en la que una persona se ve a sí misma es el factor más importante para predecir la conducta futura, porque junto con un autoconcepto realista hay una percepción realista sobre la realidad externa y la situación en la que el individuo está".

El autoconcepto se forma a partir de las experiencias (internas y externas) que tenemos a lo largo de nuestra vida. En un primer momento (cuando somos bebés) las experiencias que podemos tener son únicamente internas pero a medida que nos vamos desarrollando, la tendencia a la mejora lleva al niño a establecer interacciones con otras personas y cosas, ampliándose su autoconcepto.

Hay que comprender que el yo es un concepto fluido y cambiante; no tenemos una personalidad fijada de antemano, sino que vamos cambiando a medida que nuestras experiencias internas y externas cambian.

Rogers se dio cuenta que en las personas con problemas, existía una diferencia muy notable entre las percepciones sobre cómo son (el yo) y las percepciones de cómo deberían ser (el yo ideal). El objetivo fundamental de la terapia humanista era acortar esta distancia lo más posible.

Es fundamental para el desarrollo de un buen autoconcepto la valoración y aceptación por parte de los demás; Rogers llamaba a esto "necesidad de amor". Creía que una necesidad fundamental del ser humano para desarrollarse de forma plena y feliz era el amor. Esta necesidad de amor y afecto es innata). Por esto, ciertas personas en la vida del niño (y posteriormente en la vida adulta) adquieren gran importancia. Estas personas significativas (por ejemplo, los padres, los amigos, la pareja) pueden influir fuertemente en el individuo al dar y negar amor y aceptación, y su influencia es decisiva en el desarrollo psicológico.

Lo fundamental es comprender que aprendemos a vernos en la forma en que otros nos ven. Este hecho puede causar ciertos conflictos en el desarrollo de nuestra personalidad. Puede ocurrir que las experiencias internas (sentimientos, deseos,, ideas, valores) entren en colisión con la experiencia externa de la valoración y aceptación de los otros; por ejemplo, que algo que de forma interna vivimos con alegría y satisfacción, es valorado de forma negativa por los que nos rodean. En este caso se produce un conflicto y os lanzamos a la búsqueda de una posible conciliación; a través de las soluciones encontradas se decide gran parte de nuestra personalidad.

Rogers de dio cuenta que tales conflictos suelen surgir en torno a los siguientes valores:

1. La sexualidad es mala.
2. Es bueno no cuestionar la obediencia a la autoridad.
3. Es muy importante ganar dinero.
4. El aprendizaje escolar es bueno.
5. Es malo que los hombres lloren, se abracen y demuestren sus sentimientos 6. Es malo que las mujeres sean asertivas e independientes.

6. Por regla general tendemos a admitir este tipo de valoraciones a fin de obtener una aceptación y valoración por parte de los demás. El problema surge cuando estos valores van en contra de nuestras experiencias internas positivas al respecto. Según Rogers, la incorporación de los valores y patrones de los padres, si son incoherentes con la propia experiencia interna puede perjudicar al individuo. La persona que pierde contacto con la experiencia interna tiene más probabilidades de desarrollar rasgos como ansiedad y hostilidad.

Los pensamientos, sentimientos y acciones que otras personas significativas aprueban (y que finalmente aprobaron los mismos individuos para conservar la consideración positiva y la autoconsideración) pueden ser tan diferentes de las experiencias internas que se genera una distancia entre el autoconcepto y la experiencia interna básica: tenemos una consideración de nosotros mismos que no se corresponde con cómo nos sentimos. Esta situación es poco saludable y origina que la persona funcione de una manera restringida e ineficaz y que experimente tensión y ansiedad.

Lo ideal sería que, en principio, las experiencias internas fueran del todo valoradas por quienes nos rodean; a esto Rogers lo llamó consideración positiva incondicional. Se produce cuando una persona percibe que todas sus experiencias del yo (sentimientos, pensamientos, sensaciones, etc.) son merecedoras de la consideración positiva por parte de otras personas significativas; en otras palabras, no se imponen condiciones de valía a esa persona. Si se nos acepta y valora, se nos considera valiosos incondicionalmente; se nos permite estar conscientes de toda la gama de nuestras experiencias internas y no tenemos que negar o rechazar aspecto alguno de ellas a fin de obtener y conservar la consideración positiva de otros.

Sin embargo aunque esta debería ser la tendencia general de los padres y educadores, Rogers aceptaba que no debe ser absoluta. Es decir, no es aconsejable valorar todos los deseos, pensamientos, sensaciones y sentimientos ya que podría darse el caso, por ejemplo que unos padres promocionasen las experiencias internas tendentes a la agresividad. Por ejemplo, puede ser mal visto golpear a otra persona; pero la persona que golpea y el deseo de golpear, pueden aceptarse. De esta manera, se conserva la consideración positiva incondicional.

En esta línea de razonamiento, sería posible que los padres expresaran desagrado ante ciertas conductas de su hijo, tales como tirar comida en la mesa, pegar a un hermano, golpear la pared con un martillo, ser grosero con un vecino o tirar del rabo al perro, y al mismo tiempo hacerle saber que sí aceptan el hecho de que él quiere hacer esas cosas. Es decir, no permitirán que las conductas del niño interfieran con su amor o con la aceptación de sus sentimientos.

Un padre, maestro o amigo puede hacer ver a un hijo, estudiante o compañero que el amor y la aceptación no están en peligro, a pesar de que manifieste molestia, enfado o desaprobación de una conducta concreta. Es importante que se mantenga el respeto por las personas, por sus pensamientos y sentimientos sin importar los aspectos específicos de las interacciones en un momento dado. Si esto sucede, los individuos no tendrán que desprenderse de sus experiencias internas, aunque podrían inhibir algunas conductas disruptivas.

ANEXO I

LA PERSONA DEL MAÑANA

CARL ROGERS (1980's)

Hace algún tiempo sostuve una plática, que me agradó, acerca de la persona del mañana. No ha sido publicada y es muy breve, así que podría exponerla como mi último mensaje personal. Algunas veces me abstengo bastante apegado a mis notas en esa plática, de modo que tal vez la formule en términos más formales que en otras ocasiones, pero espero que eso no le reste interés. De cualquier manera lo que quiero decir es lo siguiente:

En la actualidad, me encuentro realmente fascinado con lo que, estoy convencido, es un fenómeno de lo más significativo: veo el surgimiento de un nuevo hombre, mismo que considero es la persona del mañana. Lo veo surgiendo como parcialmente formado en grupos de encuentro, en grupos de sensibilización, en los grupos T. Lo he visto surgir en relaciones profundas de terapia individual, en las que participé durante mucho tiempo. Lo veo surgir en las aceleradamente crecientes tendencias de la psicología humanística. Aun cuando no estoy hablando sólo de un grupo de edad, lo veo en el nuevo tipo de estudiante que emerge en las universidades desde un fondo de extremismos y violencias. Lo veo en la inquietud universitaria de todas partes del mundo: París, Checoeslovaquia, Japón, San Francisco y muchos otros lugares que podría nombrar. Ciertamente, no siempre es aceptable, pues en alguna ocasión me parece que infunde temor, pero está emergiendo. Lo veo en la búsqueda de la individualización y el autorrespeto en la población negra dentro y fuera de los ghettos, y en el malestar racial que parece propagarse como fiebre en todas nuestras ciudades.

Veo elementos en la filosofía de los destacados de nuestra generación, en los desertores y en los hippies. Los veo también, aunque parezca extraño, entre los miembros más jóvenes del mundo industrial actual. Los veo también, con mis ojos ya algo viejos y en forma un poco confusa, entre los músicos, los poetas, los escritores y los compositores de esta generación. Menciono a los Beatles, y a la filosofía del contenido de la canción popular de hoy si se fijan en la letra; estoy seguro de que el lector podrá añadir otros ejemplos mejor que yo. Siento que los medios masivos de comunicación, especialmente la televisión, lo han ayudado a emerger, aunque en este punto no tengo una visión muy clara; empero he mencionado, creo, algunas de las áreas y tendencias que tal vez han causado esta emergencia y que, ciertamente, nos permiten ver las cualidades de este nuevo hombre.

Realmente me siento entusiasmado y lleno de anticipación acerca de esta persona del mañana, pero hay aspectos en la situación que son sombríos. Creo que el nuevo hombre tiene características que se oponen fuertemente a las ortodoxias, dogmas, formulismos y creencias de las principales religiones occidentales; como el catolicismo, el protestantismo y el judaísmo. El no encaja en absoluto en la organización y administración industrial tradicional. Me parece que casi todos los elementos de las escuelas, universidades y colegios tradicionalistas están en contra de esta persona. Creo que no está preparado para llegar a formar parte de un gobierno burocrático; no encaja bien en la milicia y, puesto que nuestra cultura ha desarrollado todas estas ortodoxias y forma de vida actuales, tenemos que preguntarnos de manera seria si este nuevo hombre es simplemente un desadaptado fuera de serie o alguien en quien podamos tener más esperanzas. Existe todavía otra razón para pensar en él profunda y sobriamente: él es casi la antítesis de la cultura puritana con sus estrictas creencias y controles. Él es muy diferente de la persona admirada por la revolución industrial, con esa ambición y productividad. Se encuentra profundamente opuesto a la cultura comunista, con sus controles sobre pensamientos y conductas por el bien del estado. De ninguna manera se asemeja al hombre medieval, el hombre de fe y de fuerza, el hombre de monasterios por una parte y el aguerrido cruzado por la otra. Creo que no sería muy compatible con el hombre producido por el imperio romano: un hombre práctico y disciplinado. Me parece que es también muy opuesto a la actual cultura de estados Unidos, que hace hincapié en la tecnología y parece enfatizar crecientemente al hombre de uniforme, ya sea que estemos refiriéndonos al militar, al policía o al inspector gubernamental.

Si es nuevo en tantos aspectos, si se desvía de manera profunda, de casi todas las gradualmente desarrolladas normas del pasado - y aun del presente - ¿será sólo un germen de la línea evolutiva, nada más un accidente destinado a extinguirse o a ser descartado? Personalmente, creo que no es así, sino una criatura posible, una persona que podría salir adelante. Estoy convencido que la persona del mañana tal vez tiene mejores posibilidades de sobrevivir que nosotros; pero, ciertamente, quiero decir que es mi opinión, y puede haber otras diferentes.

Ahora bien, he hablado acerca de esta persona con cierta amplitud, pero no he intentado describir sus actitudes, sus características o sus convicciones. Lo haré brevemente. Creo que debo decir que no sé de ningún individuo al que se aplicarán todas las siguientes afirmaciones. También estoy bastante consciente de que me refiero a una minoría, probablemente a una pequeña minoría de nuestra población actual, pero estoy convencido de que es una minoría creciente. Así, lo que sigue es mi propia caracterización tentativa del que veo como un hombre nuevo.. Algunas de estas cualidades son probablemente temporales para tratar de liberarse las ataduras de su cultura actual. He aquí, entonces, algunas de sus características.

No hace uso de simulaciones, falsas imágenes o pretensiones, tanto en sus relaciones interpersonales como en el de educación, los negocios, la política o la religión.

Realmente valora la autenticidad. No se deja embaucar por dobles mensajes. Ha visto la falsedad de Madison Avenue en la televisión, ha escuchado los mensajes con doble sentido de los políticos, ha visto la tragedia de la convención de Chicago en que la policía agredía a los manifestantes mientras el mayor Doley proclamaba la bondad del orden y la ley. Ha visto nuestro mundo como considerablemente falso, un mundo de pretensiones, y no está dispuesto a creer todo lo que se dice. Se ha convertido en casi un slogan para él la frase "dilo como realmente es"...Pienso que para él, la cultura actual es casi completamente hipócrita. Creo que esta aversión hacia la falsedad es tal vez el distintivo más profundo del hombre nuevo.

Por esto, se opone a toda institución inflexible y altamente estructurada. Quiere que las organizaciones sean fluidas y cambiantes, así como adaptables y humanas. Por ende, resultará evidente qué tan profundo es su desagrado por la burocracia, la rigidez, la formalidad irracional; simplemente no aceptará esas cualidades. Por lo que a él corresponde, encuentra que las instituciones educativas son en su mayoría fútiles e inadecuadas. Su inquietud en la Universidad, en la Escuela, surge de un ciento de temas específicos, pero ninguno de ellos tendría importancia si su escuela fuera verdaderamente significativa para él. Pienso que ve a la educación tradicional como es: la más rígida, atrasada, incompetente, burocrática e irracional de nuestra cultura. Creo que estaría de acuerdo conmigo en las suposiciones que adopto en mi nuevo libro para educadores de que la enseñanza es una función ampliamente desvalorada, y que sólo la facilitación del aprendizaje, el estímulo del aprendizaje, la oportunidad para aprender, es lo más importante. No se interesa particularmente en que se le instruya, pero está muy deseoso de aprender si se le da la oportunidad: sin embargo, quiere que su aprendizaje incluya sentimientos, que implique la vivencia de los aprendizajes, la aplicación de conocimientos pertinentes, que implique un significado del aquí y ahora. Partiendo de estos elementos, algunas veces le gusta participar en la búsqueda de nuevas aproximaciones hacia la verdad, pero la búsqueda del conocimiento únicamente por el conocimiento mismo no es una de sus características.

Según yo, las instituciones religiosas son percibidas por él como definitivamente irrelevantes y que con frecuencia dañan el progreso humano. Esta actitud hacia las instituciones religiosas no significa en absoluto que no tiene interés en los misterios de la vida, o por la búsqueda de valores éticos y morales.

A esta persona del mañana le interesa profundamente vivir en una forma ética y moral, pero sus normas morales son nuevas, flexibles y están por descubrirse; la ética es relativa a la situación y lo único que no se tolera es la discrepancia entre los patrones verbales y la forma en que realmente se viven los valores.

Busca, entonces, nuevas formas de comunidad, de objetos compartidos; busca nuevas formas de comunicación en dicha comunidad, comunicación verbal y no verbal, tanto afectiva como intelectual.

Reconoce que vivirá su transitoria vida principalmente en relaciones temporales y que debe ser capaz de establecer con rapidez una cercanía. En su mundo tan movible, no vive mucho tiempo en una comunidad. No se encuentra frecuentemente rodeado de familiares y parientes. Creo que Él se da cuenta de que si ha de vivir en un contexto humano, debe ser capaz de establecer vínculos íntimos, comunicativos, personales, en un lapso muy corto. También debe ser capaz de abandonar estas relaciones cercanas sin tristeza ni conflicto interno.

Algo que ha escandalizado a mucha personas es que el hombre del mañana tendrá una verdadera desconfianza en el matrimonio como institución. Para él una relación hombre - mujer tendrá un profundo valor sólo cuando sea una relación fluida, promotora de crecimiento y mutuamente encarecedora. Esta actitud es tan verdadera de la mujer del mañana como lo es del hombre. Cada uno de ellos tendrá poco interés por el matrimonio como ceremonia o por votos de permanencia que han demostrado ser poco permanentes.

Él es una persona que busca, que no necesita respuestas. De lo único de que está seguro es de su inseguridad y algunas veces siente una tristeza nostálgica en su mundo incierto. Parece tener una aguda conciencia de que él sólo es un germen de vida en un pequeño planeta blanco y azul que forma parte del universo enorme. ¿Existe un objetivo en este universo? Únicamente el objetivo que él cree. No sabe la respuesta, pero está dispuesto a convivir con esta incertidumbre ansiosa. Existe un equilibrio en su vida: entre la fluidez y la estabilidad, entre el cambio y lo estructurado, entre la ansiedad y la seguridad temporal. La estabilidad es sólo un breve periodo para consolidar aprendizajes antes de proseguir hacia el establecimiento de más cambios.

Siempre existe en ese ritmo de proceso, es una persona abierta, abierta a sí misma, cercana a sus propios sentimientos. Es también abierta y sensible a los pensamientos y sentimientos de otros y a las realidades objetivas del mundo.

Él es una persona sumamente consciente. Es capaz de comunicarse consigo mismo con mucha mayor libertad que cualquier hombre que haya existido antes. Las barreras de la represión que excluyen al hombre de él mismo, son definitivamente más bajas que en generaciones previas. No sólo es capaz de comunicarse consigo mismo, sino que también es capaz de expresar a otros sus pensamientos y sentimientos, ya sean de naturaleza confrontativa y negativa, o positivos y amorosos, sus agrados y desagrados, sus alegrías y duelos son apasionados y expresados con pasión. Es una persona enérgicamente viva, una persona que se interesa por las injusticias que se hacen a las minorías. La contaminación del ambiente, el poder opresivo de los militares, son situaciones profundamente importantes para él.

Es una persona espontánea, dispuesta a arriesgarse tanto a la novedad, como a decir o hacer una cosa descabellada o sensata. Su sentido de identidad tiene una cualidad casi isabelina: todo parece posible, todo puede intentarse. Deliberadamente le gusta excitarse mediante diferentes tipos de experiencias y opta por obedecer con frecuencia aquellas leyes que considera justas y desobedecer las que considera injustas, afrontando las consecuencias de sus acciones.

Él es activo, en algunas ocasiones violenta, intolerablemente activo en las causas en que cree; por tanto, despierta las antipatías más extremas y más represivas por parte de aquellos que sienten temor al cambio. No ve que exista razón válida por la cual las organizaciones educativas, las áreas urbanas, la discriminación racial, las guerras injustas, deban permanecer inconmovibles. Posee un idealismo persistente que se une a su activismo. El no espera que esto cambie en cincuenta años, sino que trata de cambiarlo ¡Ahora! Cree en su propio potencial y en su propia dirección, y esta creencia se extiende a sus propios sueños del futuro y a sus intuiciones sobre el presente. Parece operar con una obvia y gran efectividad en la búsqueda de una meta que para él es válida y significativa. Casi nunca coopera sólo para que se le considere una buena persona.

No le importan las cosas materiales ni las recompensas materiales. Aun cuando ha estado acostumbrado a un tipo de vida en que está dispuesto a utilizar cualquier clase de cosas materiales, casi no lo está a aceptar recompensas y cosas materiales si esto significa que debe comprometer su integridad al hacerlo.

Le gusta estar cerca de la naturaleza elemental: del mar, el sol, cerca de las flores, de los animales, del crecimiento y de la muerte. Lo veo desde la ventana de mi sala guiando su tabla sobre las olas, surca el océano en naves pequeñas. Algunos jóvenes han vivido cercanamente con gorilas, leones y chimpancés, para estudiarlos, y muchos de esos jóvenes se deslizan montaña abajo en sus esquíes.

Estas son algunas cualidades que veo en el nuevo hombre, en el hombre que está emergiendo de la persona del mañana. Estas cualidades lo definen como una persona verdaderamente apta para despertar controversias, porque es un reto para muchos de nuestros valores. En este sentido es verdaderamente revolucionario, verdaderamente radical. Confió en que es obvio que de ninguna manara encaja en ninguna de las instituciones actuales de nuestra cultura, menos en nuestro encasillado sistema educativo. Será difícil para el vivir a su propio modo, a su manera, sin duda alguna, muchos de ustedes lo comprenderán y le ayudarán a encontrar su propio camino, otros, probablemente lo despreciarán: sin embargo, en mi opinión, si puede alcanzar estas cualidades que he enumerado brevemente, si puede crear una cultura que fomente y alimente esas cualidades, entonces es probable que represente una gran promesa para todos nosotros y para nuestro futuro. En un mundocaracterizado por un cambio tecnológico increíblemente acelerado, necesitamos en forma desesperada su habilidad para vivir como un proceso fluido. En un mundo caracterizado por la pretensión y la falsedad psicológica, ciertamente necesitamos su integridad intransigente.

Probablemente al leer esto, el lector haya razonado o respondido a mi descripción, porque ven en sí mismos algunas de las mismas cualidades emergiendo en su persona. En el grado en que el lector esté convencido y se esté convirtiendo en una persona del mañana y esté luchando por agudizar y refinar estas cualidades en una forma constructiva, le deseo lo mejor. Ojalá encuentre muchas satisfacciones en la lucha por dar vida, dentro de sí mismo y en sus relaciones con los demás.

Es el final de mi exposición. Espero que en ella, el lector haya encontrado algo que le hable a sí mismo, algo que pueda aprender, que pueda, en su propia forma, utilizar en su vida. Espero que encuentre mayor posibilidad de ser una persona segura y confiada, que tenga más con respecto a sí mismo.

BIBLIOGRAFIA

Aronowitz, (1988): AThe Post-Work Manifesto@, en S. Aronowitz & J. Cutler (eds.), Post-Work. The Wages of Cybernation. New York: Routledge.

Baritz, L. (1961): Los Servidores del Poder. Historia del Uso de la Ciencia Social en la Industria Norteamericana. Madrid: Ediciones Europa.

Barling, J. (1988): Industrial Relations: A Blind Spot in the Teaching, Research and Practice of Industrial/Organizational Psychology. Canadian Psychology, 29 (1), 104-2109.

Benson Arias, J. (1996): Posfordismo: Puerto RicoUSA. Bordes, 3.

Bramel, D. y Friend R. (1981): Hawthorne: The Myth of the Docile Worker and Class Bias in Psychology.
American Psychologist, 36, 867-878.

Bramel, D. y Friend R. (1987): The Work Group and its Vicissitudes in Social and Industrial Psychology. The Journal of Applied Behavioral Science, 23 (2), 233-253.

Brown, J. A. C. (1958): La Psicología Social de la Industria. México: Fondo de Cultura Económica.

Buroway, M. (1979): Manufacturing Consent:
Changes in the Labor Process under
Monopoly Capitalism. Chicago: University Press.

Carranza, Antonio (2008). Conciencia y esencia: herramientas
cotidianas de psicología transcendental. Corona Borealis.

Coriat, B. (1993a): Pensar al Revés. Trabajo y Organización
en la Empresa Japonesa. Madrid: Siglo XXI.

Dewey, J. (1964): Naturaleza Humana y Conducta.
Introducción a la Psicología Social. México: Fondo de
Cultura Económica.

Gee, J. P., Hull, G. y Lankshear, C. (1996): The New Work Order:
Behind the Language of New
Capitalism.. Boulder: West View Press.

Gillespie, R. (1991): Manufacturing Knowledge: A History of the
Hawthorne Experiments. New York:
Cambridge University Press.

Gorz, A. (1995): Metamorfosis del Trabajo. Madrid:
Editorial Sistema.

Ibarra y Montaño, I.. (1987): Mito y Poder en las
Organizaciones. Un análisis crítico de la Teoría de la
Organización. México: Editorial Trillas.

Katzell, R. A. y Austin, J. T. (1992): From then to now: The
Development of Industrial-Organizational Psychology in the
United States. Journal of Applied Psychology, 77 (6), 803-
835.

Kipnis, D. (1987): Psychology and Behavioral Technology.
American Psychologist, 42, 30-36.

Levine, J. (1989): Organizational Psychology: Probing for
People Problems. Incentive, 163 (2), 5255.

Maslow, Abraham (2005). Management según Maslow: una visión humanista para la empresa de hoy. Paidós Ibérica.

Maslow, Abraham (2001). Visiones del futuro. KAIROS.

Maslow, Abraham (1994). La personalidad creadora. KAIROS.

Maslow, Abraham (1991). Motivación y personalidad. Díaz Santos.

Maslow, Abraham (2013). Religiones, valores y experiencias cumbre. La llave.

Nord, W. R. (1974): The Failure of Current Applied Behavioral Science - A Marxian
Perspective. The Journal of Applied Behavioral Science, 10 (4), 555-578.

Petersen, P.B. (1988): Psychological Testing for Safety: the neglected work of Hugo Münsterberg (1863-1916). Professional Safety, 33 (11), 13-18.

Prieto, F.; Zalbieda, M. A.; Tortosa, F. y Carpintero, H. (1989): J. B. Watson: La Psicología Industrial Tal Como la Ve un Conductista. Revista de Historia de la Psicología, 10, 385-390.

Prilleltensky, I. (1990): Psychology in Industry: Origins and Sociopolitical Implications. Critical Sociology, 17 (2), 73-91.

Quinlan, M. (1988): Psychological and Sociological
Approaches to the Study of

Occupational Illnesses: A Critical Review. ANZJS, 24 (2): 189-207.

Rifkin, J. (1996): The End of Work: The Decline of the Global Labor Force and the Dawn of the PostMarket Era. New York: Tarcher/Putman.

Robinson, T. L. (1992): Revisiting the Original Management Primer: Defending a Great Productivity Innovator. Industrial Management. 34 (1), 19-21.

Rogers, Carl R. (2000). El proceso de convertirse en persona. Paidós Ibérica.

Rogers, Carl R. (1986). El matrimonio y sus alternativas. KAIROS.

Rogers, Carl R. y Barry Stevens (2013). Persona a persona. AMORRORTU.

Rogers, Carl R. (1981). Psicoterapia centrada en el cliente. Paidós Ibérica.

Rogers, Carl R. (1987). El camino del ser. KAIROS.

Rose, N. (1992): Engineering the Human Soul: Analyzing Psychological Expertise. Science in Context, 5 (2), 351-369.

Sartain, A. Q. (1951): Human Relations and Industrial Psychology. American Psychologist, 6 (6), 205-207.

Van Hoorn, W. (1982): Wundtian Psychologies in Post-Industrial Societies. Revista de Historia de la Psicología, 3 (2), 115-132.

Williams, K.; Haslem, C., y Williams, J. (1994): Ford Contra Fordismo: El Comienzo de la Producción en Masa?. Sociología del Trabajo, 21, 3-47.

Wilson, J. T. (1952): Government Support of Research and its Influence on Psychology. The American Psychologist, 7 (12), 714-718.

Wood, S. (1993): The Japanization of Fordism. Economic and Industrial Democracy, 14, 535-555.

ABOUT THE AUTHOR

Nació en Guanajuato, México. Realizó estudios de licenciatura y dos maestrías en la Universidad de Guanajuato (Relaciones Industriales, Derecho fiscal e Investigación. Obtuvo la maestría en Ciencias Sociales por la Southern Oregon University, de Oregon, Estados Unidos. Estudió el Doctorado en Problemas de las sociedades Industriales en la Universidad de Granada, España y obtuvo su PHD en Historia/ Economía en Christ Church University del Reino Unido.

Fue fundador del Centro de Investigación en Ciencias Sociales, del Knowledge Economy Consortium, de las licenciaturas de Economía, Calidad y productividad y la de Sistemas de información administrativos. Además, realizó el diseño curricular y fundó las maestrías de Relaciones laborales, Relaciones Industriales, Economía laboral, Desarrollo organizacional y la de administración de personal todas en la Universidad de Guanajuato. Fue Rector de la Universidad Liceo Cervantino donde fundó las carreras de Tecnologías de la Información, Comercio Internacional y Aduanas, y Psicología de negocios. También las maestrías de Administración Pública, Mercadotecnia y publicidad y Alta dirección. Ocupó el puesto de asesor en el área económica de la Coordinación General de asesores del   gobierno de Guanajuato.

Ha participado en cursos, talleres, conferencias y simposios en 34 países. Como articulista ha escrito más de 500 artículos e fondo en revistas y periódicos estatales y nacionales.